二战风云
震撼博览

史诗巨著
全彩呈现

恶魔下场

第二次世界大战主要元凶

胡元斌 严 锴 主编

台海出版社

恶魔下场
第二次世界大战主要元凶

前言 PREFACE

　　1937年7月7日，驻华日军在卢沟桥悍然向中国守军开炮射击，炮轰宛平城，制造了震惊中外的"七七事变"，中国的抗日战争全面爆发。1939年9月1日，德国入侵波兰，第二次世界大战正式开始。1945年9月2日，日本签署投降书，第二次世界大战宣告结束。

　　这是人类社会有史以来规模最大、伤亡最惨重、造成破坏最大的全球性战争，也是关系人类命运的大决战。这场由德、意、日法西斯国家的纳粹分子发动的战争席卷全球，世界当时人口总数的80%的20亿人口受到波及。这次世界大战把全人类分成了两方，由美国、苏联、中国、英国、法国等国组成的反法西斯同盟国与由德国、日本、意大利等国组成的法西斯轴心国，进行对垒决战。全世界的人民被拖进了战争的深渊，迄今为止这是人类文明史上绝无仅有的浩劫和灾难。

　　在这场大战中，交战双方投入的兵力和武器之多、战场波及范围之广、作战样式之新、造成的损失之大、产生的影响之深远都是前所未有的，创造了许多个历史之最。

　　第二次世界大战的胜利具有伟大的历史意义。我们历史地、辩证地看待这段人类惨痛历史，可以说，第二次世界大战的爆发给人类造成了巨大灾难，使人类文明惨遭浩劫，但同时，第二次世界大战的胜利，也开创了人类

历史的新纪元，给战后世界带来了广泛而深远的影响。促进了世界进入力量制衡的相对和平时期；促进了一些殖民地国家的民族解放；促进了许多社会主义国家的诞生；促进了资本主义国家的经济、政治和社会改革；促进了世界科学技术的进步；促进了军事科技和理论的进步；促进了人类认识史上的一场伟大革命；促进了世界人民对和平的深刻认识。

第二次世界大战的胜利也是世界人民反法西斯战争的胜利，成为20世纪人类历史的一个重大转折，它结束了一个战争和动荡的旧时期，迎来了一个和平与发展的新阶段。我们回首历史，不应忘记战争给我们带来的破坏和灾难，以及世界各个国家和人民为胜利所付出的沉重代价。我们应当认真吸取这次大战的历史经验教训，为防止新的世界大战发生，维护世界持久和平，不断推动人类社会进步而英勇奋斗。

这就是我们编撰《第二次世界大战纵横录》的初衷。该书综合国内外的最新研究成果和最新解密资料，在有关部门和专家的指导下，以第二次世界大战的历史进程为线索，贯穿了第二次世界大战的主要历史时期、主要战场战役和主要军政人物，全景式展现了第二次世界大战的恢宏画卷。

该书主要包括战史、战场、战役、战将和战事等内容，时空纵横，气势磅礴，史事详尽，图文并茂，具有较强的历史性、资料性、权威性和真实性，非常有阅读和收藏价值。

恶魔下场

目录 CONTENTS

希特勒

第二次世界大战主要元凶

墨索里尼

东条英机

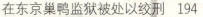

恶魔下场

第二次世界大战主要元凶

希特勒

　　阿道夫·希特勒，德国纳粹党党魁，1933年被任命为德国总理；1934年至1945年为德国元首。1939年，希特勒下令入侵波兰，引发第二次世界大战。在之后的三年里，德国及其他轴心国占领了大部分的欧洲、北非、东亚及太平洋诸岛屿。然而1942年之后，盟军开始反攻，德军渐居劣势。1945年4月，在苏联红军逼近柏林之时，希特勒自杀身亡。

恶魔下场

流落维也纳街头的
三流画家

　　1889年4月20日，阿道夫·希特勒在奥地利东北部一个不起眼的小镇——布劳瑙出生了。希特勒前面的两个哥哥都夭折了，他是一个海关小职员的第三个孩子。

　　希特勒的出生地——布劳瑙，地处奥地利西北边境，与德国南部巴伐利亚交界之处。

　　他的出生地对他有着极其深远的影响。因为希特勒早在青年时期就想：两个说德语的国家，同属日耳曼民族，不应有边界分开，应该统一。他的这种原始想法一直延续到他的生命结束。

　　这也正是他为何在掌握了德国政权，成了独裁者之后，吞并奥地利，使奥地利成了他对外侵略扩张首要目标的原因之一。

　　1909年，希特勒只身来到维也纳，开始了他一生中最悲惨的时期。此前的5年里，他因父亲去世，家庭拮据，一直辍学在家做着当艺术家的梦。

　　20岁的希特勒身穿一件匈牙利籍犹太旧衣商送给他的黑大衣，长至足踝。前额头发斜梳，头戴一顶油腻发光的黑呢帽，四季不换。两颊和下颌胡须丛生，身后背着一个破旧的画架。他从一个街头流落到另一个街头，绘制一些拙劣的维也纳画片。

　　他画着圣斯蒂芬大教堂、歌剧院、伯格剧场、舒恩布伦王宫等景物，卖给小贩装饰墙头、卖给商人嵌在陈列出售的画框里，或者被家具商买来钉在廉价的沙发和椅子靠背上。

　　希特勒白天以卖画得来的钱在小酒店或候车室里买些廉价食品充饥，

002

夜晚或在公园的长椅上或随便在哪家的门洞里过夜。甚至在紧迫之时以典当衣物度日，直至身无别物，最后便加入到以依赖施粥为生的流浪者的队伍里去。

1909年至1913年这一时期的希特勒没有朋友，没有亲人，没有家庭，没有工作，没有住处。

尽管如此，他并没有自暴自弃。他成了一个注视、关切社会和世界的人。

他的一个朋友叙述道："希特勒常常起来反对一些事情，他显得与这个世界格格不入。我从未见过他轻松愉快地干什么事情。"

希特勒给人的印象是一个苍白的、病弱的、瘦高个青年。他常常沉默不语，但谁要是与其意相悖，谁要是反对了他，他会立刻暴发，歇斯底里地狂怒起来，向所有反对他的人倾泻。

当时的希特勒在维也纳还没有正式参加政治活动，但他却在单身汉寓所里进行了政治斗争和蛊惑性煽动的预演。正是在这个远离政治舞台的小圈子里，希特勒形成了他的人生哲学和政治信仰。

他的雄心、活力和懒惰同他的古怪性格混杂在一起，使他在一小撮失意者中崭露头角。短短的几年当中，希特勒具备了有可能成为职业政客的各种基本素

希特勒

质。

在此期间，他衣衫褴褛、缺吃少喝，但他却异常注意国内外的政治动向，特别是重视奥地利三大政党的活动。

另外，圆滑、扯谎、曲解、欺骗和奉承的能力也是他在流浪期间练就的特殊本领。他可以公开地伪装，理直气壮地扯谎，坦率地残忍和不择手段。

他不信任任何人，也不委身于任何人，因为他不承认在人与人之间有任何的友谊和忠诚。

他根据人类的普遍弱点，得出荒谬的结论，之后使许多同样老奸巨猾的对手都猝不及防，纷纷败下阵来。

第二次世界大战主要元凶

摒弃俸禄投身政治的
高级掮客

　　1913年春，希特勒年满24周岁了，按照奥地利政府的规定，他早在20岁的时候就应该去服兵役，可他却逃避了4年。

　　眼下情况不同了，欧洲大陆阴云密布，随时都有爆发战争的危险，所有成年男子都必须到兵役局去报到。希特勒一看情况不妙，就赶紧买了火车票，神不知鬼不觉地溜出维也纳，跑到德国去了。

　　1914年6月，奥匈帝国皇储斐迪南亲王在萨拉热窝被一名塞尔维亚的爱国分子刺杀了。

　　一个月以后，欧洲几个大国相继宣战，人类历史上第一次世界规模的战争爆发了。交战的双方，一方是以德国、奥匈帝国为主的"同盟国"；另一方是以英国、法国、俄国和美国为主的"协约国"。

　　战争爆发以后，希特勒马上上书巴伐利亚国王，恳请国王恩准他加入巴伐利亚军队。他的请求得到国王批准，国王批准他以志愿者的身份参加巴伐利亚步兵团。

　　"平生最伟大而最难忘的时期，就这样开始了！"战争不仅使希特勒摆脱了贫困，而且在希特勒看来，战争给他提供了一个参与改变世界的良机。他说："在热情冲动之下，我跪下来，衷心感谢上苍，赐给我这个能够活在这样一个时代的幸福机会。"

　　从此，希特勒投笔从戎，结束了他的卖画生涯。当兵改变了他的生活道路，他后来曾经庆幸自己走了这条道路，这条最合乎他本性的道路。希特勒因作战勇敢很快被提升为下士，旋即调往团部当传令兵。不久，他被上司奖

励一枚二级铁十字勋章。

希特勒喜形于色，写信给慕尼黑裁缝师傅波普说："这是我一生中最幸福的日子。可是，我那些也该获铁十字勋章的战友们几乎都阵亡了。"

1918年8月，希特勒又得到了一枚一级铁十字奖章。这是不同寻常的，因为一级铁十字勋章很少授予普通士兵。李斯特团日志中有希特勒得奖的记载，但没有说明得奖章的原因。

一种说法是他只身俘获了15名英军，因此得奖；另一种说法是他只身俘获了12名法军。不论什么原因，有点是毫无疑问的，他以此作为最高的荣耀和他作战勇敢的证明，始终骄傲地挂在胸前，直至他死去。

1919年春天，希特勒回到了慕尼黑，被第二步兵团雇用，任务是侦察和调查各政党和组织，特别是工人政党和组织的活动及其性质。这项工作希特

希特勒在发表演讲。

勒干得很卖力，颇受上司赏识。

不久，他又被派到当地军区司令部的新闻和宣传处工作。为了扩大陆军的保守思想的影响，司令部举办了"政治训练班"，目的是为了培养一批同和平主义、民主主义作斗争的"斗士"。

希特勒在训练班上比较系统地听了一些右翼思想家和教授的政治见解，进一步启发和加强了他的保守和反动思想。希特勒控制不住的演讲欲和滔滔不绝的口才，特别是他的极右思想观点，使他的主管上司感到满意。训练班出来以后，他就被派到一个团里去做教官。

1919年9月的一天，希特勒接到上司的一项命令，要他去调查一个自称为"德国工人党"的小政治团体。他奉命去后，发现该团体几十个人，坐在一间偏僻阴暗的房子里，死气沉沉。

会上有一个叫做弗德尔的土木工程师作演讲，恰好希特勒在政治训练班里见过他，彼此熟悉，这倒免去了希特勒这个冒昧与会者的尴尬。

弗德尔在专业上不怎么样，对经济问题倒是有些兴趣。他将资本分成创造性、生产性和投机性三种形式，并且固执地认为，这种投机性的资本就是德国大多数经济问题的原因，因此必须禁止这种资本。

这样一种奇谈怪论并没有什么逻辑和科学根据，但希特勒却如获至宝，认为弗德尔的"打破利息奴役制度"是建立一个新政党的先决基础。

弗德尔演讲以后，一个教授站了起来发言。他大肆宣扬巴伐利亚应从德国分离，与奥地利合并。

希特勒事后回忆说，当时他心中怒不可遏，站起来对这种在南德颇流行的观点进行了严厉的驳斥。那位教授哑口无言，灰溜溜地走了，其余的听众呆呆地注视着这个无名小辈。

希特勒正准备离开，有个人朝他手里塞了一本小册子。这个人是安东·德莱克斯勒，国家社会主义的真正奠基人。希特勒随手把小册子装进衣袋。

回到政治部，希特勒向他的上级谎报了情况，说"德国工人党"和其他

政治团体并无二致。

第二天，希特勒一清早就仔细阅读了那本小册子，小册子的书名是《我的政治觉悟》。

使希特勒吃惊的是，他本人在过去几年中确立起来的许多思想都在这本小册子里体现了出来。

德莱克斯勒的理想是建立一个"以工人阶级为基础"，却要保持强烈大日耳曼民族主义的政党。希特勒对此产生了强烈的兴趣。

当天下午，希特勒又惊异地收到一张明信片，通知他已被接受参加"德国工人党"，并要他出席晚上的委员会会议。

这突兀的通知，使希特勒为难了。他在自己的房间里不停地走来走去，苦苦思考该作出何种选择。

经过两天殚精竭虑的思考之后，希特勒终于下定决心参加这个党了。此后他曾说："这是我一生中最有决定意义的一个决定。跨出了这一步以后，就再也没有退路，也不可能有退路了。"

希特勒摒弃俸禄，毅然决然地投身于政治，成了德国工人党委员会的第七名委员，这一步成了希特勒日后飞黄腾达的起点。

苦心孤诣
夺取纳粹党领袖位置

　　"德国工人党"是个不起眼的小政党，但是它凭着希特勒不凡的组织才能和富有煽动性的演说扩大了队伍和影响，同时希特勒也渐渐地提高了自己的地位，并取得了对德国工人党的领导权。

　　1920年，他把党的名称改为"德国国家社会主义工人党"，根据缩写字头简称"纳粹"。纳粹党既有极端的反动性、侵略性和冒险性，又具有极大的欺骗性。

　　1920年夏天，希特勒突发奇想，要为纳粹党设计一个能表达它的意向、打动群众心灵的旗帜。经过一段时间的苦苦思考，他设计出了一面用红、白、黑三色构成的纳粹旗。

　　"这是一个真正的象征！"他在《我的奋斗》中惊叹不已，"红色象征我们这个运动的社会意义，白色象征民族主义思想，卐字象征争取雅利安人胜利的斗争使命。"

　　新旗帜仿佛具有一种神秘的力量，吸引着中下层阶级跟着希特勒的步伐行动起来，后来成了令人望而生畏的纳粹党和纳粹德国恐怖的"锦标"。

　　在掌握群众方面，尽管希特勒有惊人的口才和神秘的纳粹党旗，但他并不满足于这些，他认识到了恐怖行为的"妙用"。对更愿意崇拜强者而不是帮助弱者的那个时代的德国人来说，恐怖撩起的毒焰是强者的象征，成功的恐怖行为能吸引更多的追随者，并使他们感到压倒弱者的力量。

　　1921年10月5日，希特勒纠集了一批膀大腰圆、乐意为他效劳的退伍军人组成"冲锋队"，由罗姆当首领。冲锋队队员身着褐色制服，负责压制纳

粹党集会时的捣乱分子和袭击其他政党的集会。

他们开始是用拳头和橡皮棒，后来从国防军那里获得武器，他们的性质也变为压制政敌和群众的打手。

随着纳粹党影响扩大，许多苦于无用武之地的旧军官、贵族子弟、下等文人、政客、无赖、杀人犯等，纷纷投到希特勒的麾下，表示愿意为希特勒效力。不管什么人，只要对他忠诚守信用，希特勒就一概纳入麾下。

希特勒需要大量的活动经费，有两个富有的太太因奖掖这位反犹主义的青年人而成了重要的赞助者。

其中一位是钢琴制造商的妻子海伦·贝希施泰因太太。据说她第一次见到希特勒就对他产生了好感。

希特勒到柏林时，她邀他到家中下榻，他们夫妇俩为他举行招待会，让他会见有钱的人。

另一位重要的赞助者是赛德立茨太太。她是波罗的海沿岸人，在芬兰一些造纸厂里拥有不少股份。

将德国工人党变为纳粹党，并使党的组织获得经费、活力和发展，全赖于希特勒的策划和组织。希特勒利用这种优势和条件，不断加强他自身的权力和地位，逐渐地表现出一种独裁的倾向，这就不可避免地引起党内的权力斗争。

1921年初夏，希特勒离开巴伐利亚到柏林，想同北德一些民族主义政党和组织建立联系，使纳粹党向全德国发展。纳粹党委员会的其他成员认为，限制和削弱希特勒权力的机会来了。

经过协商，他们准备把纳粹党与南部德国一些具有相同立场和思想主张的团体结盟，特别是同"德国社会党"联盟，利用其雄心勃勃的领袖来对抗希特勒，从而降低希特勒的地位。

听到消息以后，希特勒立刻赶回慕尼黑，采取以退为进的手段，以退出纳粹党相要挟。

这是其他委员吃不消的，没有希特勒，纳粹党就不可能获得这么迅速的

发展。委员会不让其辞职等于是向希特勒投降。

但希特勒没有就此打住，他知道怎样迫使对方进一步让出权力。他要求停止纳粹党同其他政党的联盟活动，取消党的委员会，任命他为党的唯一领袖，享有独裁权力。

他的要求实在有些过分。其他委员在德莱克斯勒的领导下，印发了一些小册子，揭露希特勒的独裁行为。

但这阻止不了希特勒。最后，委员会接受了希特勒的和解条件，修改

戴着铁十字勋章的希特勒

了党章，撤销了委员会，同意由希特勒担任主席并拥有独裁大权。而德莱克斯勒则被授予了个名誉主席的职位以示安慰。

从此，希特勒专门从事纳粹党的工作。他退出了军职，租赁了新的宽敞的办公室，聘请了专职秘书，安装了电话。

他在等待时机出击，以便通过合法或非法的途径取得政权，去实现他那不切实际的狂妄野心。

精心炮制臭名昭著的
《我的奋斗》

1923年年初，德国政府迫于舆论的压力，拒绝向协约国支付战争赔款。于是，法国派军队渡过德法边境附近来到莱茵河，占领了德国西部的重要工业区鲁尔。

这一行动对德国国内本来就十分强烈的民族主义情绪简直是火上浇油，连社会民主党都主张对法国进行消极抵抗了。

只有狡猾的希特勒采取了和其他政党完全不同的策略，他选择了中间道路。

在一次针对鲁尔危机的公众集会上，希特勒宣称："我既不愿意站在'十一罪人'一边去反对法国人，也绝不会参加现政权的'消极抵抗'运动。"

这个立场使纳粹党获得了空前的声誉，纳粹党一跃成为具有全国性影响的政党之一。

希特勒觉得时机已经成熟，就和戈林、罗姆、罗森贝格、赫斯等人一起，研究下一步的行动计划。

11月8日晚，希特勒策划、发动了一场"啤酒馆暴动"，这次政变虽然失败了，却让他的名字在德国传扬开来。

这个几年之前还是赤手空拳的奥地利下士，想在一夜之间改变巴伐利亚和整个德国的局面。他一开始，就想争取慕尼黑当局和陆军的合作，但他失败了。由于政变的失败，希特勒受到了审判。

11月8日晚上的极短时间内的那些同盟者，成了法庭上揭露他罪行的证

人。但希特勒知道怎么做，他巧妙地利用了形势，使自己成为德国人谈论最多的人物之一。他把法庭当成了他宣传的讲坛，他的名字从此不仅在巴伐利亚，而且在整个德国都引起了人们的注意。

政变没有成功，可是审判却使希特勒成了"知名人物"。而且，在许多德国人的心目中，他竟成了一个爱国志士和英雄。纳粹党的宣传立刻把这次政变说成是他们运动中的伟大传奇之一。德国各大报纸头版头条都在宣传慕尼黑的纳粹党如何有组织性，其领导人希特勒如何善于雄辩。

然而，表面嚣张的希特勒下了审判台却在冷静地思考："平心静气地说，这是我一生中最轻率鲁莽的决定。"

根据德国刑法规定，凡企图以武力改变德国宪法或任何一邦宪法者，应一概处以无期徒刑。但希特勒仅被判处在兰德斯堡前炮台监狱服刑5年。而陪审法官还认为判得过严，不少德国人认为根本不应该判刑。主审法官则表示，希特勒服刑6个月以后就可以申请假释。

鲜花与仰慕并没有使希特勒陶醉，相反在难友赫斯的帮助下，他每天伏案沉思，一章接一章地构思他改造德国、征服欧洲的宏伟蓝图——《我的奋斗》。这是一本臭名昭著的自传，一个囚犯对整个世界的宣言书。

殊不知，《我的奋斗》1933年卖了100万册，1940年卖了66万册，德国几乎人手一册。德国的少年、青年都被灌输了第三帝国的思想、法西斯的蓝图。

如愿以偿
掌握德国的军政大权

希特勒跌倒得快，爬起来也快。在他刚刚出狱不久，戈林、罗姆等一班助手很快又回到他的身边，各奔东西的纳粹党徒们也纷纷汇拢，挫折之后，他们更加团结，对希特勒更加崇拜了。

尽管希特勒野心勃勃，但他不敢再轻举妄动。他一面重新积蓄力量，伺机东山再起；一面建立了一个复杂严密的党内机构，这个党从1925年的两万多人，至1929年时已超过17万人。

希特勒将罗姆领导的冲锋队改组成为一种武装团体，拥有几十万队员，其任务是保护纳粹党举行的集会，捣乱其他政党的集会，恫吓那些反对希特勒的人。

接着，他又着手建立自己的嫡系武装团体，即党卫队。党卫队员必须宣誓效忠"元首"。海因里希·希姆莱刚接手党卫队时，党卫队只有200名左右的队员，然而到他结束他的党卫队工作时，党卫队已统治了整个德国。

即使在整个欧洲战区，党卫军也成了一个令人胆战心惊的团体。而高居这个错综复杂组织塔顶上的就是希特勒，他牢牢地控制着自己的枪杆子。

1929年的世界经济大萧条给希特勒创造了一个好条件，他等待着的机会终于来到了。银行的倒闭、企业的破产，使纳粹分子变得更疯狂了。

1929年10月从美国华尔街开始，全世界刮起了一场"黑色风暴"。外国资本家纷纷撤走投放在德国的资金，德国经济一泻千里。失业、饥饿、失望、恐惧、怨恨、仇视笼罩着德国。

德国政府无能为力，总理像走马灯似的换了一轮又一轮，谁也没有回天

第二次世界大战主要元凶

之力。群众不满了，走上了街头；垄断资本家不满了，四处寻找自己的代理人。

这个时候希特勒又站到演讲台上去了，他抨击政府，向垄断资本家许愿保证给予他们足够的市场，向工人保证不会失业，向农民保证会有土地，向商人允诺不征重税，仿佛他将要建立的帝国比社会主义、共产主义更完美，他也不在乎了，只要有人支持他，只要人们去选票站投他的票。

冲锋队、党卫队身穿制服，雄赳赳、气昂昂地走过颓丧的人群，吸引无数人羡慕的眼光，青年人反正无事可做，不如去参加冲锋队，又有饭吃，又神气。

冲锋队壮大了。

垄断资产阶级慷慨解囊，给纳粹党提供巨额资金，给源源不断的冲锋队新队员发放装备，组织大型、巨型的演讲会，让更多人加入到纳粹党的阵营中来。冲锋队员在街头搭起施粥站，饥饿的人们感激涕零：纳粹党真是太好

希特勒在发表演讲

了！

　　1930年，纳粹党徒由1929年的17万猛增至35万，这一年纳粹党获得了600多万张选票，一跃而为全国第二大党。距离第三帝国的美梦只有一步之遥了。

　　德国的垄断资本家看到希特勒竟有如此能耐，都把赌注押在他身上。鲁尔煤炭辛迪加作出决议，每出售100吨煤，就抽出5马克给纳粹党。一年抽出的资金竟达600万马克。

　　其他的垄断资本家也纷纷解囊，为纳粹党提供经费。他们不仅答应更慷慨地资助，而且就纳粹党的执政问题达成原则协议。他们联名上书兴登堡总统，以公开要求"民族运动的最大集团的领袖"希特勒上台执政。

　　这样，希特勒不仅给陆军戴上了紧箍咒，而且也笼住了大资本家。现在他可以左手拿大亨们送来的钱，右手拿去加强对群众的宣传和欺骗。

　　在1932年总统选举和国会选举中，纳粹党在全国各地散发数以千万计的宣传品，大小头目和冲锋队全部出动，希特勒精神百倍地四处演说，甚至坐飞机一天到10多个地

希特勒（蜡像）

方进行"飞行演说"。

这使纳粹党在7月31日的选举中更上一层楼，一共获得1370万张选票，在国会中占230席，成了国会中第一大党。纳粹党成为左右国会的重要力量。

在风雨飘摇的德国政治生活中，共和国进入了垂暮之年，它像一叶骇浪中的小舟，最终在希特勒纳粹党这块张开虎口的礁石前粉身碎骨了。

共和国最后一任总理施莱彻尔将军利用和兴登堡儿子的私人关系，成了总统本人的好友。

在德国最后一任社会民主党总理赫尔曼·缪勒辞职后，施莱彻尔在兴登堡面前力荐弗朗兹·冯·巴本出任总理。

巴本一上台就讨好希特勒，解散了国会，取消了对冲锋队的禁令，使纳粹党的活动毫无顾忌。

然而由于巴本无法满足希特勒的胃口，希特勒竟和原来把巴本推上台的施莱彻尔达成默契，把巴本拉下台。

12月2日，施莱彻尔担任总理后，立即邀请纳粹党二号人物施特拉塞当副总理，企图分裂和控制纳粹党。但希特勒提前罢了施特拉塞的官，同时又回头和巴本联合来算施莱彻尔的账。

与此同时，希特勒还大走兴登堡儿子的后门，通过威逼和许诺使他在兴登堡面前多多美言，并进言"必须让纳粹党参加政府"。

希特勒比想控制他的一个个阴谋家都技高一筹，在较量到最后一分钟时终于被任命为总理，掌握了德国政界的大权。

1933年1月30日，德国人14年来实行民主制度的笨拙努力的丧钟终于敲响了，希特勒以完全合乎宪法的方式宣誓就任德国总理。

2月1日希特勒召开内阁会议，研究反共、限共的措施。2月，宣布禁止共产党的示威运动，并封闭了共产党的报纸。

2月27日，希特勒一手策划了"国会纵火案"。这天晚上，纳粹党头目戈林指挥放火烧毁了国会大厦，然后诬陷共产党。

当天晚上，纳粹党就逮捕了10000多名反法西斯战士，在以后的三四个月

里，被捕人数达六七万。

在"国会纵火案"的第二天，希特勒内阁就通过法令，终止实行宪法中有关人身不可侵犯和言论、通讯、出版、集会、结社等自由条款，取消了工会和其他一切政党。

纳粹党掌握了对每一个德国人随心所欲、生杀予夺的大权。

3月23日，希特勒软硬兼施，逼迫国会通过所谓授权法，授予他立法权、批准同外国缔结条约权和宪法修改权，使他成为不受议会任何约束的总理。

1934年8月2日，87岁的德国总统兴登堡逝世。希特勒把总理和总统职务合二为一，接管国家元首和武装部队总司令的权力，头衔是元首兼国家总理。

希特勒一党独裁的中央极权的第三帝国的"千秋大厦"，就这样建立起来了。

实行血腥恐怖的
法西斯统治

伴随着政治恐怖的是希特勒的文化恐怖、舆论恐怖、教育恐怖和宗教恐怖。

1933年5月10日晚，柏林发生了一幕西方世界自中世纪末期以来未曾看到过的景象：在国歌声中戈培尔亲自指挥成千上万名学生，把洪堡大学对面广场上堆积如山的20000多册书籍付之一炬。

被焚毁的不仅有马克思、恩格斯、列宁等共产党人的著作，连歌德、海涅、高尔基和爱因斯坦等人的著作也都未能幸免。

9月22日，纳粹政府又成立了德国文化协会，其目的在于"必须使各方面的创造性艺术家都集合在国家领导下的一个统一组织中。不仅必须由国家决定思想方面和精神方面的发展路线，而且还必须由国家领导和组织各种专业"。

在戈培尔精心管理下，第三帝国很快就出现了令人满意的"舆论一律"场面。许多报纸被取缔，剩下的则都操起了清一色的纳粹口吻。

这不仅因为它们的编辑在政治上和种族上是所谓"清白"的，而且它们的工作方式都是统一的。

每天早晨，各报的编辑、记者就聚集在宣传部里，由戈培尔或他的助手告诉他们：什么新闻该发布，什么新闻要扣下，什么新闻怎么写，标题如何列，等等。

德国人在舆论恐怖的压制下，或者心甘情愿，或者身不由己地按他们仅能听到的一个声音——元首的声音去思想，去说话，去动作。

希特勒在谈到争取青年的问题时说："当一个反对者说，'我不会投向你那边的'，我就平静地说，'你的子女已经属于我们了……你算什么？你是要死的。但是，你的后代现在站在新阵营里。在一个短时期后，他们就将不知道别的，而只知道这个新社会'。"

在这种指导思想下，从幼儿园到大学的每一个教职人员都必须是"效忠和服从阿道夫•希特勒"的；而所有从6岁至18岁的青少年都必须加入希特勒青年团的各种组织，接受纳粹政治军事训练。在这样的教育制度下，许多青年可悲地被培养成不学无术、满脑子种族优劣偏见的纳粹人才。

希特勒在维也纳时就成了一个狂热的反犹主义者。在埋头阅读大量畅销的反犹书籍后，形成的对犹太人的这种刻骨的仇恨，直至生命的最后一刻都在他胸中燃烧。在他临死前的遗嘱中仍然不忘对犹太人的攻击，他咬牙切齿地写道："时光会飞逝，但是在我们城市和建筑物的废墟上，对最终要负责任的人们的仇恨将永远不会消失。他们就是对眼前这一切负有责任的人们：国际犹太人集团和他们的支持者。"正是这种顽固不化的仇恨，使希特勒一上台就掀起一浪高过一浪的反犹恶潮。

1939年1月30日，希特勒在国会演讲，指出如果犹太人挑起战争，将导致"欧洲犹太民族的彻底消灭"。二战爆发后，希特勒迅速征服了大多数犹太人居住的东欧地区，使他有机会实现"消灭"他们的夙愿。

1941年夏秋，希特勒发出"最后解决"的密令，这是"灭绝犹太人"的隐晦说法。

党卫队恶魔海德里希立即进行了布置，他向15名参与落实元首令有关的高级官员说："在最后解决欧洲犹太人的问题的过程中，牵涉到的犹太人近1100万。"解决方法是：弱者"自然淘汰"，强者集体屠杀。

屠杀开始了，其中集中营毒气室的杀人方法在"最后解决"中获得最骇人听闻的"成就"，奥斯维辛"死亡工厂"曾创下46天毒死30万人的纪录。

毒气室从近处看毫无可怕之处，四周种着修剪过的花草，入口处牌子上写有"浴室"字样。以为到这里灭虱的犹太人在欢快乐曲的伴奏下，赤条条

关押犹太人的集中营

地鱼贯而入，直至沉重的铁门牢牢地关上，仰望着滴水不出的莲蓬头时，才看出不对头来。

蓝紫色的氢氰化合物已被刽子手从屋顶的气孔倒进去了，二三十分钟后，一大堆血迹斑斑、青里透紫的身体停止了最后的挣扎。被挑选出来的犹太男子开始可怕的清理，冲掉血迹和便污，用绳套和铁钩分开互相抓着、掐着的死尸，然后拔除死者的牙齿和头发，送到工厂去当战略物资。焚烧后的骨灰则不是倒入河中，就是作为肥田粉出售。

除了被集体屠杀外，少数犹太人受到较为特殊的"待遇"——作为"豚鼠""享受"纳粹的医学试验。"试验"五花八门，有在压力室接受高压试验的；有被接种伤寒病毒的；有浸泡在冰水中接受"冷冻"的；有被观察喝盐水能活多长时间的；有进行绝育实验的。

这就是希特勒上台后实施的恐怖极权统治，他控制和折磨人的精神，对犹太人进行惨绝人寰的大屠杀，这一切都源于他个人的极端偏见。

实施横扫西欧的
"海狮计划"

1939年9月1日，德国闪击波兰；9月28日，华沙陷落；10月2日，进行抵抗的最后一个城市格西尼亚也停止抵抗，波兰沦陷。

英、法虽然对德宣战，可是并没有什么实际行动。他们一面宣战，一边还想通过美国政府"调停"，实行停战。

尤其是法国同德国毗邻，法国资产阶级政府被希特勒进攻波兰的闪电战吓破了胆，生怕惹怒德国进攻自己，哪里还敢主动进攻德国？

就这样，波兰在他们的"静坐"之下，加上本国政府的腐败无能，在两个星期中就被德军占领。

英、法以为德国占领了波兰，一定会去进攻苏联。于是，他们仍旧静静地坐在"马其诺防线"的工事后面，一坐就是半年。

希特勒利用这一点，宣称只要英、法承认德国吞并波兰，德国就决不同英、法打仗。然而暗地里，希特勒又在扩军备战，准备对英、法直接开刀。

希特勒首先对北欧的挪威和丹麦发动突然袭击，并且取得成功。这样，就使德国对法国的攻击处于更有利的地位。

第一个目标实现以后，希特勒又以迅雷不及掩耳之势于5月10日发动了对荷兰、比利时和卢森堡的进攻。

同一天，英国著名的反法西斯政治家、海军大臣丘吉尔接替张伯伦担任英国首相。丘吉尔受命于危难之际，使国际反法西斯阵营中有了一位杰出的领导人。

5天以后，荷兰政府宣告投降。18天后，比利时被德军占领，卢森堡也被

德军的铁蹄一扫而过。第二个战略目标也顺利实现了。

于是希特勒在欧洲大陆的最终目标——法国的侧翼，完全暴露在德军的枪口之下。德军马不停蹄，挥师东北方向突入法国境内。这时候，法国人才如梦初醒，发现自己苦心经营的马其诺防线竟毫无用处。

德军对这条防线根本不屑一顾，从它的侧翼迅速地穿过，以典型的运动战的迂回方式，沿着法国北部急速推进。

1940年5月下旬，英国远征军和法军约40万人被包围在敦刻尔克附近的海滩上，陷入了绝境。如果不是希特勒莫名其妙地下达了停止攻击的命令，这40万军队不是投降就是被赶到海里喂鱼去了。

英国人抓住这个宝贵的喘息机会，调动和征集了各种战舰、渔船拼命抢运被困的军队。

从5月26日到6月4日，这支临时拼凑的"特混舰队"，以惊人的效率共把33.8万余英、法士兵撤回到英国本土，保存了一支打击纳粹德国的有生力

◊ 进攻中的军队

量。这就是被称为"战争史上一大奇迹"的敦刻尔克大撤退。

军队走了，但英国远征军10个师的武器装备及车辆全成了德军的战利品。同时，这次撤退也决定了英法军队在西欧的败局。

6月14日，德军未发一枪就占领了法国首都巴黎，一面黑白红三色的纳粹旗高悬在举世闻名的埃菲尔铁塔上。

当德国军队耀武扬威地通过由拿破仑建造的象征着法兰西骄傲的凯旋门的时候，法国的抵抗也宣告停止了。刚刚上台的法国总理贝当在就职的第二天即向德国提出停战的请求。

希特勒指定，谈判地点应选在巴黎东北的贡比涅森林中的一块空地上，这是他早就盘算好的。

1918年11月11日，第一次世界大战的战胜国之一法国，就是在这里，向战败的德国代表团口授投降条件。当时进行谈判所使用的旧餐车被特意从巴黎的博物馆里运来，安放在原来的位置上，一切都按希特勒的意图准备就绪。

6月的一天，天气非常炎热，阳光照射下的榆树和松树在林中空地上布下了阴影。一辆黑色的汽车驶到谈判地点。全副戎装、胸前挂着刺眼的铁十字勋章的希特勒从车上下来，趾高气扬地走向林间空地，戈林等尾随着他。

希特勒一言不发，径直来到一块矗立的花岗石前面，石碑上用法文雕刻着："1918年11月11日，德意志帝国在此屈膝投降……被它力图奴役的自由人民所战败。"

希特勒在碑前伫立了一会儿后转过身来，用轻蔑的神态环视周围的空地，摆出一副不可一世的挑战架势，仿佛这块象征着德意志帝国屈服22年的石碑已被他生吞进了肚子里。

不久，法国谈判代表到了。希特勒在车厢里冷淡地接见他们以后，就离开车厢，走向停在林荫道上的汽车。这时候，德国军乐队高奏起德国国歌《德意志高于一切》和纳粹党党歌《霍尔斯特·维塞尔之歌》。

这一瞬间，对希特勒来说又是一个伟大的历史性时刻，他实现了1920年

提出的撕毁《凡尔赛和约》的誓言，正是他而不是别人，为德国雪洗了1918年后的耻辱。

第二天，德法正式签署了停战协定。也许是空前的胜利刺激了希特勒，他兴致大增地在巴黎游览了好几天，还以埃菲尔铁塔为背景留了影。不过，他并不喜欢巴黎，因为在这里没有感受到他曾在维也纳感受过的对凯旋者热烈欢呼的场面。

7月初，希特勒离开法国，回到他设在德国西线被称作"黑色森林"的大本营。按说，他应该十分满足了，作为一个政治家，他已玩腻了各种"把戏"；作为一个军事家，他已把大半个欧洲踩在脚下他还需要什么呢？然而他并不满足。

法国投降以后，他以为不久就会看到英国人愿意考虑和谈的迹象。他焦急地等待着来自伦敦的消息。

英国政府首先用炮弹作了回答，皇家海军炮击了已成为德国附庸的法国舰队，表明英国战斗到底的决心。接着，丘吉尔首相又在下院发表了鼓舞士气的演说，其中最使希特勒感到失望的一句话是："不论形势如何不利，英国政府也决心作战到底！"

希特勒终于不得不承认，丘吉尔的话就是英国政府的最后回答，等待已没有意义了。

于是，他在国会亲自作了最后一次呼吁："丘吉尔先生这一次也许会相信我的预言，一个我从来也不想毁灭甚至不想损害的国家，将要遭到毁灭。在这个时刻，我觉得在良心上有责任再一次向大不列颠和其他国家呼吁，应该拿出理性和常识来。我认为我是有资格作出这一呼吁的，因为我不是求人开恩的失败者，而是以理性的名义发言的战胜者。我看不出有任何理由非要将这场战争打下去不可。"

这番措词不全是谎言，因为希特勒的确想同英国讲和，好去征服他最痛恨的苏联，开辟东方的"生存空间"。但这番话又是缺乏诚意的，因为他在发出呼吁的前三天，已经下达了入侵英国的指令。他知道丘吉尔是不会坐下

来和他谈判的。

希特勒终于下达了进攻英国的第十六号指令，即"海狮计划"。希特勒采纳戈林的建议，对英国发动了一场有史以来规模最大的空战，企图迫使英国投降。

从8月12日开始，德国对英国发动了全面的"空中闪电"攻势。在每天平均1000多架次德军飞机的攻击下，英国空中防御力量被严重削弱，一度陷于最危险的境地，但英国空军仍在顽强地战斗。现实使希特勒和戈林如梦初醒，英国这块硬骨头绝不是几口就可以啃干净的。

在8月底的一次纳粹党的集会上，希特勒怒气冲冲，大骂丘吉尔是"一只神经质的老母鸡"，并咬牙切齿地发誓"要把英国的城市夷为平地"。

德国空军每天几百架次飞机的轮番轰炸持续了将近两个月。虽然伦敦遭到了毁灭性的破坏，到处是瓦砾，但是，英国人的抵抗决心并没有动摇。

在遮天蔽日的德国飞机轰炸下，英国人仍然保持着一贯的镇定，他们幽默地指着天上的机群说："那是伦敦上空的鹰。"

经过3个月激烈的空战，德国空军遭受了重大的损失，却未能彻底击败英国空军。希特勒企图靠空军炸出一条入侵英国的道路的冒险计划，最后终于失败，他一再被迫推迟"海狮"入侵计划的执行。这是希特勒在第二次世界大战中第一个未达到目的的战役。

1940年9月，已成为极富侵略性的军国主义国家日本，和德、意缔结了德、意、日三国同盟条约，因为它们自称是"改造世界的轴心"，所以这个条约又被称为《三国轴心协定》。

根据条约规定，三国彼此以一切政治、经济和军事手段互相援助。有了这个条约做靠山，意大利独裁者本托·墨索里尼决定夺取英国在非洲的全部地盘。虽然墨索里尼开始时气势很盛，但仍然不能战胜看上去已经孤立无援的英军。

这就打乱了希特勒的部署，意大利的软弱使英军在希腊形成一条战线，并从地中海的克里特岛出发，轰炸德国控制的战略要地。

对此，希特勒当然不能置之不理。于是，埃尔温·隆美尔中将被任命为北非军团司令，去协助意大利军队作战。

骁勇善战的隆美尔率领"非洲军团"赶赴利比亚以后，不顾意军总部的反对，立即对英军发动闪电式袭击，英军节节败退，轴心国军队在北非稳住了脚。

希特勒高兴地召见了隆美尔，并亲自授予他骑士勋章。希特勒问隆美尔："将军胸有良谋，请问如何将英军全部逐出北非，使地中海成为轴心国的内海，以解除德国东进时的后顾之忧呢？"

隆美尔回答说："我将在英军以为我正在休整的时候再次发起突袭，就像我在法加战役中那样迅速行动。打击敌人的最有效手段是不容他们从失败的恐慌中镇静下来，打击必须毫不迟疑，不容喘息。"

"那么，实现上述目标，也就是打垮北非的英军，大约需要多久？"希特勒又问。

"从现在起，也许需要两个月时间。"隆美尔回答得很坚决。

沉默了片刻，隆美尔突然问希特勒："元首，西班牙的佛朗哥将军现在态度如何？"

"他是靠我扶植上台的，前几天，他再次向我表示，绝对忠于轴心国。"希特勒答道。

"那就好，西班牙控制着地中海西端唯一的出海口——直布罗陀海峡，万一落入英军之手……"

"放心吧，只要您能在北非的沙漠中得手，英国人的威胁也就不复存在了。"

"是的，元首，我定将如期实现我的计划，然后，精锐的第十五坦克师就可由北非调往东线，我希望我的军团最终能投入东线的战斗。"

隆美尔的话使希特勒非常满意。

1941年4月间，隆美尔果然取得了一连串令人眼花缭乱的胜利，把轴心国在北非的势力范围向东推进到利比亚、埃及边界。德国"非洲军团"因此

名声大振，隆美尔本人也由于用兵的狡诈和神速而赢得"沙漠之狐"的称号。

正当隆美尔在地中海南岸的北非沙漠中鏖战的时候，地中海北岸的巴尔干半岛一线又风云突变。

巴尔干半岛位于欧洲东南部，是欧、亚、非三大洲的交汇地带，林业和矿产资源丰富。那里地势险要，战略地位突出，为兵家必争之地，素有"欧洲火药库"之称，也是第一次世界大战的爆发地。

希特勒早就对巴尔干半岛这块"肥肉"垂涎三尺，然而没容他动手，墨索里尼就捷足先登，派兵占领了半岛上最小的国家阿尔巴尼亚，并于1940年秋进攻半岛南端的希腊。

希腊军队在全国人民和英国远征军的支援下士气高昂，把意军驱逐出希腊，意希两国处于相持状态。

这时候，希特勒利用颠覆别国内政的特别组织"第五纵队"在罗马尼亚制造骚乱，支持法西斯头目安东尼斯库发动政变，组织了傀儡政府。德军开进罗马尼亚以后，又与保加利亚签订了允许德军过境的协议。

1941年春季，30万德军越过多瑙河，长驱直入保加利亚，进逼巴尔干半岛上的重要国家南斯拉夫。希特勒为了接替墨索里尼全部控制半岛，做好了一切准备。

4月10日晚，希特勒离开柏林，在慕尼黑稍作停留以后，到达了元首东南大本营。这个大本营位于从维也纳往南的铁路线旁的隧道出口处，那里修建了一个临时火车站，设有非常好的通信设备。希特勒整天就待在专列里，观察战争的进程。

南斯拉夫战役结束得很快，贝尔格莱德被德意军队占领以后，南斯拉夫人民并没有屈服，在以铁托为首的南斯拉夫共产党的领导下展开了对纳粹占领军的艰苦卓绝的游击战争。

德军在进攻南斯拉夫的同时也侵入了希腊，希军主力战败投降，部分希军随同英国远征军由海上撤往克里特岛，完成了又一次"敦刻尔克式"的撤

退。希腊政府在投降书上签字，德军坦克开进雅典，希腊国王流亡国外。

巴尔干半岛的最后一次大战发生在离希腊大陆180千米的克里特岛。德国的战斗机和轰炸机群猛烈袭击了克里特岛上的军事设施。

接着德国伞兵部队强行空降，创造了军事史上以空运伞兵作战的先例，德国伞兵虽损失惨重，但却巩固了着陆场。大批德军在飞机的掩护下强行登陆，终于完全占领了克里特岛，巴尔干半岛的战役到此结束。

希特勒没等克里特岛拉开战幕就返回了柏林。他在帝国首都只待了两天就赴慕尼黑，然后又到上萨尔茨山去了。

临行前，他对德军高级将领们说："我要好好休息几天，然后再精力充沛地返回柏林。"

5月11日上午，希特勒还没起床，纳粹党第二号人物、元首代表鲁道夫·赫斯的副官就敲响了山间别墅的门。

几分钟以后，希特勒来到客厅，赫斯的副官递给他一封信。希特勒草草把信看过，然后问副官："您是否知道信的内容？"

"是的。"副官回答。

希特勒听了，脸色顿时阴沉起来，马上叫人扣押这位副官，还下令拘捕赫斯的另一名副官，并把他们一块送到集中营去。

随即，他召集戈林、里宾特洛甫和私人秘书马丁·博尔曼开会。会上，他就像别墅刚刚落下了一颗重磅炸弹那样，怒不可遏，在地板上来回走着，用指敲着自己的脑门，大声嚷着："他一定是神经错乱，他一定是发疯了，看看他信里都写了些什么吧！"

原来，信是赫斯亲笔写给希特勒的，他本人已于昨夜单身驾驶一架梅赛德斯110型双引擎飞机飞往英国，在苏格兰跳伞着陆后被英国人逮捕。

赫斯在关押地托人捎信给丘吉尔首相，说明他来英的目的是想由他代表德国与英国人缔结一项和约，具体方针是：第一，他深信希特勒会打败英国；第二，由于希特勒不想毁灭英国，所以他仍然愿意与它达成一项和解方案；第三，条件是英国须允许德国在欧洲大陆自由行动，作为回报，德国将

同意大英帝国保留对原殖民地的完整权力。不过，苏联并不包括在欧洲之内。

英国人当然不会理睬赫斯的建议，而是把他当做战俘，他一直被监禁到战争结束并在后来的审判中被判刑。

赫斯出走一事在希特勒看来是不可饶恕的过失，但他唯一关心的是用什么方式来处理这个问题，以免使他过分难堪或损害他的威信。

纳粹宣传机构显然不愿意声张这件事。

5月12日公布的一条消息说："鲁道夫·赫斯先生已于昨日飞抵英国，他留下的信件内容紊乱，这不幸地说明，他的精神病发作了，令人担心的是，我党赫斯同志成了狂想症的牺牲品。"

英国人针对这条消息做出的反应是，特意报道了赫斯健康状况极佳的消息，但也仅此而已。双方都没有在这件事上大做文章。结果是，希特勒不得不解除了自己的副手和忠诚的追随者赫斯的全部职务，空位由马丁·博尔曼顶替。当希特勒一门心思扑在东方战线、对付他所憎恶的苏联的时候，地中海的风暴并没有真正平息，而是潜伏着更大的危机。

如果希特勒听从海军上将雷德尔的建议，首先降服地中海的风暴，在南方夺取彻底的胜利，并最终打败英国之后，再图东进，那么从战略上看，或许会对希特勒有利得多。

雷德尔的苦口婆心偶尔也对希特勒产生过一点影响，对苏联战争一年以后，当隆美尔的"非洲军团"突入埃及境内阿拉曼一线，离著名的亚历山大港只有65千米的时候，希特勒曾一度深受雷德尔"伟大计划"的诱惑，赞成德军应穿越中东同日本人在亚洲会师。

希特勒有一次对正在休病假的隆美尔说："我打算给非洲以一切必要的支持。不要担心，我们会拿下亚历山大的。"

隆美尔望着对地中海和北非的兴趣忽冷忽热的元首，将信将疑地说："但愿如此，我尊敬的元首。"

希特勒果然没有兑现他的诺言，为实现一举击败苏联的梦想，他最终把

在南方取得彻底胜利的机会让给了英国人。相反，丘吉尔却一刻也没有忽视地中海区域的极端重要性，因为他认定，地中海战役的成败关系到谁能夺取整个战争的胜利。

这样一来，即使隆美尔也无法摆脱失败的命运了。

面对德、意、日三个主要法西斯国家的结盟，美国总统罗斯福再也无法保持沉默，决心动员美国的民主力量，来阻止法西斯势力的扩张。

1940年12月29日，罗斯福发表"炉边谈话"，含蓄地表示支持英国。从此，美国便成为英国最坚定的盟友，大批武器装备和各类物资，通过大西洋的海上通道，源源不断地运往英国，使英国的军事力量大大增强，这也是英军能在北非战场逐渐由被动转为主动的重要原因之一。

上演突袭苏联的
"巴巴罗萨" 大戏

　　为了称霸世界，希特勒早有消灭苏联的野心。他曾叫嚣要把世界文明从布尔什维克的"致命威胁"中拯救出来。

　　他在西线胜利后，1940年7月2日下令开始准备进攻苏联的作战计划。

　　8月，德军总参谋部将方案拟就。

　　12月，希特勒发布第二十一号作战指令，批准了这个方案。这一军事行动的代号是用德国皇帝腓特烈一世的绰号"巴巴罗萨"命名的。"巴巴罗萨"意即"红胡子"，希特勒使用这个代号，完全是出于对腓特烈这个穷兵黩武、侵略成性的暴君精神的赞赏和颂扬。

　　希特勒认为英国之所以坚持不屈，是寄希望于美苏两国，如果苏联被摧毁，英国的最后希望就会破灭。"巴巴罗萨计划"是一个采取突然袭击的手段，用"闪电战"在一个半月到两个月快速消灭苏联的作战方案。

　　为此，希特勒进行了一系列的伪装和欺骗，他要求做到"当'巴巴罗萨计划'开始实施时，全世界会大吃一惊，并感到难以置信"，"造成历史上的最大骗局"。

　　当希特勒在欧洲四处侵略的同时，苏联的领导人斯大林也密切地注视着世界形势。

　　苏联东边有希特勒的第三帝国威胁，同时英法长期以来把斯大林视为"眼中钉"，而远东日本政府发动侵华战争，准备进攻苏联，南进南洋，称霸世界。面对这种情况，斯大林压力愈来愈大，他密切注意四方动向，希望战争仅局限在资本主义阵营内。

1938年5月，日本关东军在中苏边境的图们江口，向苏方进行军事挑衅。斯大林对日军在远东的挑衅毫不手软地进行打击，目的在于解除后顾之忧。对朱可夫的重新任命，说明他真正担心的还是西线。

当苏联红军在哈勒欣河两侧席卷残敌时，法西斯侵略战争的乌云已笼罩着欧洲，并且由于英、法、美等国家采取纵容姑息的"绥靖政策"，德国和意大利法西斯军队在奥地利、西班牙、捷克斯洛伐克等国家频频得手，侵占了中欧的重要战略地区。

斯大林不无忧虑地看到，希特勒得陇望蜀，欲壑难填，对国际公法已全然不顾，苏联的安全日益受到威胁。他多次建议英、法、美等国家采取联合步骤制止法西斯侵略，但这些国家对此持消极态度，有的甚至一味牺牲小国的利益保全自己，使斯大林的努力大都付诸东流。

英法两国政府对苏联采取了极端不信任的态度，同时也怀疑苏联的军事实力，他们非常苛刻地要求苏联单方面承担许多义务，却对苏联的许多要求置之不理。

与此同时，英法领导人还背着苏联与德国秘密谈判，鼓励纳粹反苏反共，英国政府还同德国商谈了一笔约10亿英镑的军事贷款，力图把战争引向东方。

面对这种局面，斯大林不得不作出自己的决定，一面采取权宜之计与德国周旋，一面做好应付战争的准备。

此时希特勒为了避免苏联干预自己的侵略，向斯大林伸出了橄榄枝，阿道夫·希特勒决定直接同斯大林打交道。

他放下架子，亲自请求这位他长期以来一贯痛骂诅咒的苏联领导人立即同意他的外交部长起程到莫斯科去。

希特勒在得到斯大林亲自保证苏维埃社会主义共和国联盟将成为一个友好的中立国以后，于1939年8月22日再一次把他的最高级将领召到了上萨尔茨堡，向他们宣布了自己的战略决策，并且要求他们打起仗来必须残酷无情，不要有任何怜悯。

　　希特勒在这次会议告诉他的军官们，他很有可能在4天以后即星期天就下令进攻波兰。

　　在苏联莫斯科，经过数轮谈判，苏德双方签订互不侵犯条约，划分了各自在东欧的势力范围。这一条约有助于苏联暂时避免被卷入战争，粉碎英法"祸水东引"的美梦，当然也有利于德国入侵波兰，为其最终进攻苏联创造了条件。

　　在1941年的头几个月里，苏德在形式上还保存着正常关系，但却日益紧张，希特勒的法西斯军队横扫东南欧，侵占了包括挪威、丹麦、希腊、南斯拉夫、阿尔巴尼亚、法国在内的14个国家，控制了大量的人力和物力，其军队总数已达214个师，850万人。

入侵的军队 ❤

　　斯大林密切注视德国的动作，但他无法知道对手的确切进攻时间，也无法知道未来战争的规模，而希特勒早在1940年12月即已向高级将领们发布了第二十一号训令，即"巴巴罗萨计划"。

　　希特勒发布的绝密训令说："德国武装部队必须准备在对英国的战争结束以前，以一次快速的战役将苏联击溃。准备工作必须在1941年5月15日前完成。"

　　为了完成这个战略目的，德军最高统帅部集中了190多个师、4000余辆坦克、近50000门火炮、5000架飞机，总兵力为550万人，编成3个集团军群和3个独立行动的集团军，准备在陶格夫匹尔斯、明斯克、基辅等3个战略方向上实施进攻。

　　为了欺骗和麻痹斯大林，希特勒对各项战争的准备工作，采取了一系列的政治欺骗和战略战役伪装措施。"巴巴罗萨"计划签署后，德国居然还煞有介事地批准出售给苏联新式飞机和一些技术兵器，并制造准备横渡英吉利海峡进攻英国的假象；当大批军队东调之时，又再三向苏联解释这是以新兵接替老兵等。

　　斯大林并不怀疑战争的爆发是迟早的事情，但他在时间的判断上犯了错误。他不相信希特勒会在没有收拾英国之前动手，即使在德国军事机器的弹簧缩紧到准备对苏联实施致命打击的时候，他还是希望能防止发生可怕的冲突，因而对英国的紧急警报以及苏联在日本的杰出情报人员佐尔格的报告，持怀疑态度。

　　战争爆发前的10天，国防委员铁木辛哥鉴于战争已迫在眉睫，曾要求下令边境军区部队进入战时准备，展开第一梯队。但斯大林唯恐德国借此挑衅，没有立即下令。

　　6月21日夜间，朱可夫从基辅打来的电话里获悉，一名德军司务长越过了防线告诉苏军指挥员，德军将在次日凌晨进攻。朱可夫立即向斯大林作了报告。

　　而斯大林这时还不愿相信这个事实。在总参谋长的坚持下，斯大林召集

政治局委员，经过讨论和研究，他才同意发布命令，让边境军区所有部队进入紧急战备状态，但是，已经为时太晚了。

几个小时后，他最不愿发生的战争终于爆发了。

1941年6月22日，德国法西斯撕毁《苏德互不侵犯条约》，不宣而战，向苏联发动了空前规模的袭击。

就在斯大林终于明白他对战争的判断错误之时，希特勒正在柏林的府邸中拍手称庆，这个法西斯执政者洋洋得意地吹牛道："我们只要在门上踢上一脚，这间破烂房子马上就会垮掉！"

一场规模空前、意义巨大的大决战，在苏联国土上展开了。斯大林面临着严峻的考验。

22日凌晨，苏共中央所有的政治局委员都集合在克里姆林宫斯大林的办公室里。斯大林神情严肃，脸色苍白，手里握着没有点燃的烟斗，半天没有说话。他那双深沉难测的眼中，露出震惊和愤怒的目光。这无疑是他一生中受刺激最大、精神最痛苦的时刻之一。

作为苏联红军的最高统帅，他知道自己犯了一个灾难性的大错误，因此他粗声地骂道："希特勒这个大流氓！"但他没有时间在这个问题上自省。

他要正视这场空前浩劫已经来临的现实，以其过人的智力和无上权威，率领苏联军民奋起战斗，回击希特勒这个混世魔王的挑战，捍卫民族的尊严和社会主义苏联取得的建设成果。政治局委员们迅速作了分工，决定在斯大林的领导下开始卫国战争。

6月30日，成立了斯大林为首的国防委员会。

7月3日，斯大林向全国发表了广播讲话。他呼唤人民的民族自尊心和保卫祖国的顽强的决心，给了人民以期待的信念。这番讲话在苏联人中，特别是在海陆空军将士中间，产生了巨大的影响。

从斯大林的讲话中，人们听到了"一切为了前线！一切为了胜利！"的号召，全体苏联人民团结在一起，开始同德军进行殊死搏斗。

德军团有充分准备，又是突然袭击，因此来势凶猛。法西斯航空兵对苏

联西部城市、交通枢纽以及军营狂轰滥炸，使苏军遭受到重大损失，防线迅速被突破。战争第一天，德军就推进了约60千米。

斯大林镇定地应付这一局面，手里拿着烟斗，整日默默地在办公室踱来踱去，认真地观察地图，不时发出一道道发动反击的命令。

他按照列宁在内战时的做法，不断派自己信赖的得力代表到关键地区去。对最高统帅来说，这不仅是为了同前线保持直接的联系，帮助那些经验不足的指挥员，同时也是为了显示他的存在，说明在危难的时刻，他和他们战斗在一起。

在3个星期中，德中央集团军群向前推进了450千米至600千米，北方集团军群推进了450千米至500千米，南方集团军群推进300千米至500千米。

7月16日，德军中路的坦克部队已占领了斯摩棱斯克，直接威胁莫斯科。

在七八月间，北路已占领了列宁格勒州的大部分地区。

9月19日，德军南路已攻陷乌克兰首府基辅。据西方史学家记载，在被希特勒称之为当时"世界上史无前例的最大战役"——基辅战役中，苏军有4个集团军被围歼，65.5万名指战员被俘虏。

穷兵黩武
陷入不义战争泥淖

1941年10月20日，德军装甲部队的前锋进抵距莫斯科40千米的地方。

希特勒为时过早地向德国人民宣布："东方的敌人已被打垮，再也不能站起来了……在我们部队的后边，已经有了相当于我在1933年执政时德意志国家幅员两倍的土地。"

然而好景不长，实际上从7月份起，德军就开始遇到日益顽强的苏军的反抗。

战幕刚一拉开，希特勒就来到离荒凉的东普鲁士小城拉斯滕堡8千米之遥的新元首总部，这就是著名的被称为"狼穴"的大本营。他在这里亲自督战。

在战争刚开始的几周，德国顺利推进的好消息不断传来，希特勒情绪饱满，不时地同周围的人谈些轻松愉快的话题。在一次临时战局汇报会上，他站在一幅欧洲大地图前指着莫斯科说："四周内我们将到达这里，莫斯科将被夷为平地。"

这一次，希特勒的牛皮吹得太早了。

德军发动了一次又一次疯狂的突击，仍不能迈入莫斯科市区一步。

11月7日，在莫斯科红场举行的红军阅兵式上，苏联领袖、苏军最高统帅斯大林显出了少见的慷慨激昂的表情，他在演说快要结束时骤然提高了声调："红军战士、指挥员和政治工作人员、男女游击队员同志们！全世界都注视着你们，把你们看做是能够消灭德国侵略者匪军的力量……伟大的解放使命已经落在你们的肩上。你们不要辜负这个使命！你们进行的战争是解放

战争、正义战争……让伟大的列宁的胜利旗帜引导你们！"

　　演说以后，数十万红军将士列队通过红场列宁墓，在接受斯大林的检阅后直接开往前线，与德国法西斯军队浴血奋战。

　　这时候，苏军专为在严寒条件下作战而制造的T-34重型坦克发挥了巨大威力。横扫西欧、素有德国"铁军"之称的古德里安装甲部队，自波兰战役以来第一次被迫后撤。

　　德军的处境同当年拿破仑在俄罗斯暴风雪中的命运几乎完全一样，德军元气已伤。呜咽嚎叫的士兵就在莫斯科大门口的冰天雪地中流血、冻僵，当气温直线下降到零下52度的时候，他们再也不能作战了。

　　12月19日，因侵苏战争进展受挫，希特勒解除了冯·勃劳希契元帅的陆

部队发动反攻

军总司令的职务，并亲自兼任这一职务。

列宁格勒战役打乱了希特勒的如意算盘。他原来妄图攻陷列宁格勒之后，以其全部兵力从东北迂回，对莫斯科进行攻击。

如今希特勒不得不暂时放弃攻占列宁格勒的计划，转向对莫斯科的进攻。希特勒决定用重兵尽快夺下莫斯科，他向柏林自诩说，进入莫斯科的仪式已经准备好了，那时他要骑一匹白马从波克隆山方向进入莫斯科，而事实是对他的巨大嘲讽。

在保卫莫斯科的战斗中，苏联人民气壮山河、临危不惧，誓死保国。希特勒向莫斯科发动的"台风"攻击遭到了失败。

1941年12月6日，苏联红军发动了攻势，德军遭到永远不能恢复过来的

损失。德军的防线接连被攻陷，这一天就成了第三帝国短暂历史的一个转折点，希特勒的力量从此以后就要走下坡路了。希特勒的"闪电战"在英雄的苏联军民面前彻底破产了，在苏联红军强大的反攻之下，他们开始狼狈地后撤！

希特勒这头野兽，如今已深陷在虎穴龙潭之中不能自拔了。他不得不承认他攻占莫斯科的计划已被打得粉碎。

就在苏军开始转入反攻的时候，1941年12月7日，在地球的另一边，发生了一件举世震惊的大事，使希特勒轻率挑起的欧洲战争变成了一场名副其实的世界

大战。

这天，日本轰炸机偷袭了美国海军太平洋舰队的基地珍珠港。

第二天，希特勒赶忙从"狼穴"乘火车返回柏林。在路上，他仿佛摆脱了一场梦魇似的说道："我们现在有了一个三千年来从未战败过的盟友了。"他显然对日本人的"漂亮"袭击感到激动，他曾经对日本庄严地许下秘密诺言，他现在需要履行这个诺言，那就是向美国宣战。

12月11日，希特勒又一次站在扩音器旁宣告这个历史性时刻的到来。针对美英两国已于8日向日本宣战，希特勒在对罗斯福总统进行了喋喋不休的攻击和辱骂后说："我十分清楚，罗斯福的思想和我的思想有着天壤之别。罗斯福出身富家，他所属的那个阶级在民主国家中有一帆风顺的坦途，我只是一个下层穷苦人家的子弟，不得不靠劳动和勤奋来打开一条出路。我和千百万的人共命运，而富兰克林·罗斯福则是和所谓的上层的一万家人共命运。"

演说结尾的时候，希特勒宣布：德国、意大利和日本已经缔结了一项新的协定，"在对美英联合作战未取得胜利以前，绝不放下武器；在未经相互同意的情况下，不同美国或英国单独停战或媾和"。

希特勒过高估计了日本的军事力量，他认为日本在太平洋上收拾了美国之后，便会掉头攻击苏联。基于此，希特勒作出孤注一掷的决定，命令海军，无论在何时何地与美国船只相遇，即可进行猛烈攻击。

希特勒不自量力地对美宣战，使德国面临又一个黑暗的日子。不少将领对希特勒所向往的"千秋帝国"越来越怀疑了。

希特勒气焰虽盛，但德军的攻击势头已经衰减。

在莫斯科战役中，德军主力士气低落，成了疲惫之师，陷入进退维谷的困境。在包围斯大林格勒的德军外面，苏军经过周密部署，形成了反包围。

希特勒闻讯以后，气急败坏、不容分说地否定了德军高级将领提出的撤退方案。他冲将军们吼道："我决不离开斯大林格勒！我决不从斯大林格勒后退！"

一个发疯时作出的灾难性的决定就这样产生了。

1943年1月初，在斯大林格勒的冰天雪地中，被围德军遭到毁灭性打击。残存的90000人，包括在最后关头被希特勒封为元帅的保卢斯及23名将军，都成了苏军的俘虏。德军在斯大林格勒地区的兵员损失约150万人。

历时180天的斯大林格勒大会战震惊了全世界。

这次大战是苏德战争的转折点，并且同英军在北非阿拉曼战役的胜利一道，成为第二次世界大战的转折点。苏军和美英军队已在各主要战场上开始掌握了战争的主动权。

1943年到来之际，对希特勒来说真是祸不单行，先是德军在斯大林格勒败局已定，接着又传来罗斯福总统和丘吉尔首相在摩洛哥的卡萨布兰卡港举行了会议的消息，会议要求德国"无条件投降"。连墨索里尼也感到形势不妙，向希特勒吹风，让他同斯大林讲和，结束战争。

希特勒回绝了墨索里尼的建议，他表示依然想打败苏联，以争取同英国和解。其实，他很清楚，根本不存在同斯大林和解的可能性。

有一次吃饭的时候，他呆滞地对周围的人说："真遗憾，由于遇上了丘吉尔这个醉鬼，弄得非打仗不可。"

周围的人无言以对。

希特勒又神色茫然地自语道："我这个人始终只知道战争，因而也始终只知道一条原则：打，打，再打！我是一个根本不去想'投降'这个字眼的人！"

话虽这么说，他内心已经想到失败的命运。他不止一次地对别人讲："我们所有的敌人都可以相信这一点：一旦德国在12时3刻放下武器，我一定在12时50分就停止生命！"甚至在公开场合，希特勒也这样讲过。

如今对第三帝国来说，似乎已不存在"胜利"的前景了。他给德国士兵和德国人民指点的道路是：走向死亡。从此，希特勒一蹶不振，他的人生也开始走下坡路了。

灭绝人性
建立欧洲"新秩序"

　　德国入侵苏联后不到一个月，希特勒曾在蚊虫叮咬的"狼穴"召开了一次会议，有戈林、罗森堡、博尔曼以及凯特尔等参加。

　　最初，罗森堡还试图替乌克兰人说说"情"，可希特勒突然脸色一沉，厉声打断了他的话，说："军事占领只是意味一项永久性解决计划的开始，我想这对诸位是不言而喻的。但是，一定不要让其他人认识到，这是最后解决的开始，为此，我们可以采取一切必要的措施——枪杀、迁徙等。"

　　没有女秘书在场，博尔曼紧皱眉头，用笔刷刷地记录着。

　　"俄国是一块摆在我们面前的大蛋糕，我们要根据需要来切开它，以便能够：第一，统治它；第二，管理它；第三，掠夺它。"

　　除了博尔曼在本上写字的声音外，会场上听不到其他的声音。

　　"我们的根本目标是：一定不能让乌拉尔以西再有建立一支军事力量的可能性，即使我们要为此打100年的仗。"

　　"您所说的乌拉尔以西是指整个欧洲大陆吧？"不知谁问了一句。

　　"嗯，今后在这广大的区域中，只有德国人才允许携带武器，斯拉夫人、捷克人、波兰人、哥萨克人、乌克兰人都不允许携带武器。"希特勒停顿了一下又说，"总之，除了德国人以外，我们决不允许任何人携带武器。"

　　戈林等人都认真地听着，并不感到惊诧，他们的元首不是早就在《我的奋斗》中这样大谈特谈过了吗？建立欧洲"新秩序"不过是元首思想的体现。

元首的蓝图是：建立一个由纳粹主义统治的欧洲；它的全部资源和财富归德国利用，欧洲其他国家的人民作为德意志主宰民族的奴隶；"不受欢迎的分子"，首先是犹太人，其次是东方的斯拉夫人必须灭绝，欧洲必须成为"无犹太人"的欧洲。当然，斯拉夫人中的一部分可以留下来，让他们牲畜式地耕地、开矿。

希特勒就这样策动了人类历史上最残酷的大屠杀和掠夺行动。

戈林向他的部下发布指令说："你们一旦发现有什么东西可能是德国人民所需要的，就必须像警犬一样追逐，一定要把它弄到手，送到德国。在干这种事的时候，必须发扬德国人办事彻底的作风。"

战争期间，德国人几乎把一切都弄到手了，不仅有货物、劳力，还有钞票和黄金，其价值是无法估量的，单是征收的占领费和其他贡金即达260亿美元之多。

至1944年9月底，强迫为第三帝国做苦工的外国人达到750万，可希特勒仍嫌不足。

在他看来，理应把这些人作为资源来对待，从"伟大"的事业来说，累死或饿死几万、几十万战俘是没有什么可遗憾的。

不过，由于劳动力缺乏，还得让他们活着。希特勒这么说了，他的追随者也这么干了，干的比说的还残忍。为此，苏联人付出了惨重的代价，在500多万被德国人俘虏的士兵中，有200万人死去，100万人下落不明，死者中还包括斯大林的儿子。

与戈林不同，希姆莱的党卫队执行着一项更残酷的"使命"，用"特别行动队"对犹太人等实行种族灭绝。早在1939年德国入侵波兰起，希特勒签发的关于"无痛致死计划"的"元首命令"就开始执行。

最先被秘密处决的是德国国内的10万病人，他们被认为是"没有用的吃饭家伙"，既然一切为了战争，就不能留下这些"累赘"。接着是德国国内和东欧各国的吉卜赛人，约有50万人被杀死。

根据希姆莱制订的"东方计划"，要消灭3000万斯拉夫人，并"最后解

决犹太人"。德国入侵苏联以后，仅希姆莱手下的4支特别行动队就在苏联各地屠杀了75万无辜平民。

纳粹分子最骇人听闻的暴行，是用现代科学技术大规模地屠杀战俘和平民。德国在占领国中共建立了30多个集中营，其中有些是"灭绝营"，采用毒气囚车和毒气室等进行集体杀戮。

位于波兰南部的奥斯维辛就是一座灭绝营式的集中营。这座巨大的"杀人工厂"的四周布满了铁丝网，里面设有毒气室、焚尸场和化验室。由党卫军骷髅队守卫，他们的领章和帽徽上都有由一个骷髅头和两根交叉的骨头组成的恐怖图案，这是象征死亡的标志。

从1940年6月开始，几乎每天都有成批的战俘和平民从各地被押到这里。他们从军车上下来以后，不分男女老少，一律先送到消毒站，被剃去头发，换上囚衣。

每人的左臂上都编了号码，还必须在左袖和裤子上缝一块有同一号码的三角布，不同颜色表明"罪行"的不同性质，如红色是政治犯，黄色是犹太人等。

然后，这些"犯人"就被送到各个工地去做苦工。凡是丧失了劳动能力的人，一律送毒气室处决。

至1945年1月奥斯维辛被苏联红军解放时止，共有400多万人死在那里，其中波兰人和俄罗斯人占了200多万。在整个战争期间，仅遭受毒气杀害的平民就达六七百万。

在为希特勒卖命推行纳粹"新秩序"的人中，有一位身材细高，长胳膊长腿的党卫队将军，名叫海德里希。他长着一个鹰钩鼻子和一双阴郁的小眼睛，令人望而生畏。

由于他在捷克斯洛伐克手毒心狠，恶贯满盈，被当地人称作"杀人魔王"。捷克人民忍无可忍，下决心要除掉他。

1941年冬天的一个清晨，当他乘车从布拉格乡间住宅驶向机场，准备乘飞机去柏林谒见希特勒的时候，两名捷克敢死队的勇士拦击了他的汽车，随

着一声炸弹的爆炸声，海德里希身受重伤，几天后在医院中一命呜呼。

同捷克人民一样，欧洲各国人民纷纷组织武装力量，开展"抵抗运动"或"地下运动"。法国戴高乐将军在北非领导的自由法国运动、南斯拉夫以铁托为首的人民解放委员会和它指挥的数十万人民解放军和游击队等，是其中影响最大的抵抗力量。

进入1943年以后，希特勒越来越感受到来自正面战场的压力。英军在蒙哥马利将军的统率下，在北非战场节节胜利，从根本上改变了地中海的形势，为盟军在西西里岛的登陆创造了条件。

西西里岛是地中海最大的岛屿，也是意大利南部的重要屏障。

由美国艾森豪威尔将军协调指挥的盟军于夏季对西西里岛发动攻击，巴顿将军指挥的美军与蒙哥马利指挥的英军并肩作战，登陆战役持续了39天，盟军完全控制了西西里岛。这就使得盟军能在地中海往来无阻，敲开了登陆欧洲的第一扇门。

盟军在西西里岛登陆的消息刚一传出，希特勒就预感到他的"钢铁"伙伴墨索里尼可能要垮台，他决定无论如何要立即同墨索里尼谈谈。

见面的时候，希特勒发现他的伙伴已失去了往昔的光彩，这个在欧洲舞台昂首阔步了20年之久的铁腕人物，虽然还不满60岁，却已老态龙钟了。希特勒毫不留情地指责墨索里尼，后者只是默默地听着，几乎没有任何反应。希特勒长叹一声，扫兴地飞回他在东线的大本营"狼穴"。

5天以后，意大利统治集团宣布恢复"君主立宪"制度，组成了新政府，墨索里尼被迫辞职，他的法西斯党被解散。

希特勒料定意大利新政府要背叛轴心国，向盟军投降，就立即下令："德军应准备立即开进罗马，逮捕政府官员、国王和全班人马，首先是王储，要把他装进飞机给我押来！"

以隆美尔为首的德军高级将领大多数不同意希特勒的冒险计划，连他刚刚提拔的海军总司令邓尼茨上将，也出来劝阻。

希特勒在众口一词的情况下做了让步，表示不从东部战场抽调兵力，并

且暂时将计划搁置起来。

希特勒与墨索里尼在拉斯滕堡举行了最后一次会晤。然而，秋天又传来更坏的消息，盟军在靴形的意大利南端登陆，意大利人和盟国秘密签订的停战协定也公布了。于是，希特勒搁置的计划开始实施。

尽管"倒戈"的意大利士兵到处抵抗德军的进攻，但毕竟不是德军的对手。

德军在部分地区无情地镇压了昔日的盟友后，于9月10日占领了罗马，并在几天后占领了大半个意大利。

这次军事行动的成功，使德国人控制了意大利北部的工业区，可以利用那里的工厂为德国制造军火。

希特勒政权居然奇迹般地度过了这场严重的危机。

同时，他还腾出手来，考虑营救已被监禁起来的墨索里尼，以恢复"轴心国"的外部形象。

根据情报人员提供的可靠消息，墨索里尼被关在亚平宁山脉大石山的一家为运动员而设的旅馆里。希特勒冒险组织了一次大石山空降行动，把墨索里尼抢了出来。

获救的墨索里尼从心底感激希特勒营救了自己。作为报答，他勉强拼凑了一个新党——法西斯共和党，并宣布成立了所谓意大利社会共和国。

从表面上看，墨索里尼似乎复辟成功，但他深知自己已成为德国人的傀儡，再也无力去执掌这个"新政府"的权柄了。所以，当他的情妇克拉拉·佩塔奇重新投入他的怀抱后，墨索里尼就不再发挥任何"政治领袖"的作用，而成为一具名副其实的政治僵尸了。

1943年年末，军事形势对德国来说仍不见起色，希特勒不得不向将军们发出警告说："战局对我们已十分严峻，不仅东方的危险存在着，而且更大的危险正在西方显露出来：英国人在西欧登陆的可能性越来越大，或许就在1944年初，最迟在春季，我们将面临一场针对英国的决定性登陆战。"

面对日益增强的战争压力，希特勒开始越来越大量地服药，以振奋逐渐

衰退的精力。他的左臂和左腿开始震颤，为了控制这种震颤，他总要将左腿靠着什么东西，并用右手抓住左手，他开始像跛足一样拖着左腿走路，这是医学上称为"帕金森氏病"的典型症状。

　　他的大部分时间都是在德国最偏僻的地区度过的，这就使他和他统治的国家的社会生活处于基本隔绝的状态。

　　希特勒的生活变得单调无比，整天的时间几乎被各种会议占满了。幸亏在斯大林格勒战役之后博尔曼送给他一条狗，一条名叫布朗迪的阿尔萨斯种母狗。不然，他会连带着他的爱犬散步的唯一娱乐都失去了。

　　元首每况愈下的状态预示着第三帝国"新秩序"走向崩溃的命运。

"狼穴"遇刺
疯狂报复嫌疑者

　　记载着四面八方坏消息的公文雪片似的飞到"狼穴"，希特勒对德国能够打赢这场战争已不抱任何希望了。在1944年到来之际，他着实认真地思索起战败的前景。

　　1月30日是希特勒上台11周年的日子。为了给被失败主义情绪笼罩的德国人打气，在盟军空军对德国本土的轰炸声中，他照例发表了广播讲话，故弄玄虚地大谈苏俄的威胁："谁将在这场斗争结束的时候在欧洲占主导地位，是以最强大的国家德国为代表的欧洲大家庭，还是布尔什维克人……这场战争只能有一个胜利者，不是德国，就是苏联。德国的胜利意味着欧洲的保全，苏俄的胜利意味着欧洲的毁灭。"

　　他重弹这种陈词滥调的目的是想分裂同盟国之间的合作关系。

　　按照戈培尔的解释，德国宁愿同伦敦而不愿同莫斯科来讨论结束战争的问题。然而，这些都不过是一厢情愿的幻想。不论是罗斯福、丘吉尔还是斯大林，都只接受以德国"无条件投降"作为结束战争的方案。因为美、英、苏是作为事实上的"同盟国"，来对"轴心国"采取一致行动的。

　　1943年11月底至12月初在伊朗的德黑兰召开的美英苏三国首脑会议上，罗斯福、丘吉尔、斯大林"三巨头"第一次聚会，他们共同磋商对德配合作战的计划，作出了1944年5月在法国开辟第二战场的决定。

　　德黑兰会议以后，美国的艾森豪威尔将军被任命为执行西欧登陆计划——"霸王计划"的盟军最高司令。

　　然而，由于作战规模的扩大和气候因素，盟军的登陆时间从5月推迟至6

月，并且避开了希特勒重点设防的英吉利海峡的最狭窄部位，而把法国的诺曼底选为登陆地点。

1944年6月6日凌晨，海面上狂风呼啸，白浪滔滔，一支有史以来最强大的舰队自英国南海岸驶向了诺曼底。整个舰队拥有5000艘船只，这次极其冒险的军事行动的成功将决定纳粹德国彻底失败的命运。

这一天距离最后一名英国士兵撤离敦刻尔克海滩渡海回国，差不多隔了4年。

希特勒（左）和墨索里尼（右）（蜡像）

第二次世界大战主要元凶

　　5个盟军师出其不意的登陆战一举成功，3个空运师也同时空降着陆。"大西洋壁垒"在几小时之内被突破，登陆人数达13万人。这就是举世闻名的诺曼底登陆战。盟军投入的总兵力约288万人。

　　盟军在法国登陆和苏军在东线的强大攻势使德国陷入两线作战的困境，德军士气一落千丈，一部分陆军高级将领对希特勒的幻想破灭了，一批被称作"德国反对派"的军官和官员们也加紧活动，想通过杀掉希特勒来结束战争，以减少德国所遭受的损失。

　　他们当中有一个名叫施陶芬贝格的上校，时年37岁，以前在北非作战时受了重伤，失去了一只眼睛、右臂和左手的三个指头。

　　7月20日上午，施陶芬贝格按照预定计划，以德国后备军司令部参谋长的身份来到"狼穴"，等候希特勒的召见。

　　军事会议提前了，施陶芬贝格在去希特勒的平房作战室之前，暗中调好了炸弹的定时器，并把一个盛着液体酸的玻璃瓶打碎，让酸液开始腐蚀炸弹撞针的导线。他事先做过试验，知道这时离爆炸还剩10分钟的时间。

　　施陶芬贝格和几个高级将领一同走进希特勒10米长5米宽的作战室，希特勒就站在中间那张放满军事地图的橡木长桌旁。

　　施陶芬贝格装出漫不经心的样子走近希特勒，敏捷地把装着炸弹的提包放在桌子底下，然后，他借口必须去打个电话，离开了作战室，到另一个地方去观察情况。他焦急地看着表，"怎么，10分钟过去了还没有炸响，莫非……"

　　就在这时候，只听"轰"的一声，平房作战室的屋顶飞上天，又落下来，一面墙壁倒塌了，房子顿时烧起熊熊大火。

　　施陶芬贝格立即驾驶汽车离开了元首大本营，然后搭乘飞机飞往柏林。一下飞机，他就被焦急地等待在那里的军官们围住了。

　　施陶芬贝格非常肯定地告诉大家："元首已被炸死，我们可以开始第二步行动了。"

　　可是，让他们没想到的是，希特勒奇迹般地活了下来，只受了轻微的外

伤。他们的第二步行动还未展开，帝国广播电台就突然中断了正常广播，传出了他们做梦也没想到的坏消息："今天，有人用炸弹阴谋暗杀元首，元首除受轻度烧伤和撞伤外，安然无恙！"

这条反复插播的"新闻"把军官们都惊呆了。

原来，当施陶芬贝格离开平房作战室的时候，一个副官的脚碰到了那个装炸弹的皮包，他嫌碍事，就把包挪了地方，而在炸弹爆炸前的一瞬间，希特勒又碰巧为了看清地图边上的一处战况，离开了他的位置。

所以爆炸只使希特勒的头发被烤焦，右腿被烫伤，耳膜被震破。等他一醒悟过来，就立即通过电话向忠实于他的军官发出了指令，要他们毫不留情地镇压那些叛乱者。

入夜，帝国首都柏林响起一阵阵稀疏的枪声，一些密谋刺杀希特勒的将领被当场打死，施陶芬贝格被逮捕。午夜后，他被押往国防部的院子里执行枪决。

凌晨1时，阿道夫·希特勒的声音又在德国的广播中出现了，只不过这次的声音是那样颤抖，不仔细听，都不知道是元首在演说："今天，一小撮野心勃勃，丧尽天良，罪恶而愚蠢的军官阴谋除掉我。可天意让我战胜了暗杀，我可以继续从事我的事业了！"

停顿了一下，他又大声嚷道："我的德国公民们，今天我向你们讲话的目的，是让你们听听我的声音，让你们知道我的确安然无恙……我绝不会宽恕那些罪人，我们要按照国家社会党人的惯用方法来进行清算！"

就在希特勒发表广播讲话前10个小时，元首大本营里还冒着燃烧后的余烟，这个大独裁者强忍着伤痛，和意大利法西斯头子墨索里尼进行了预定的会见，这是两位战争狂人之间的最后一次会晤。

墨索里尼和希特勒视察了已经成为瓦砾场的会议室。已经失去昔日尊荣和权势的墨索里尼像只丧家犬，看着几小时前希特勒侥幸逃生的作战室废墟，脸都吓白了，一个劲地叨咕："太不可思议了，太不可思议了。"

希特勒强打着精神说："我确信刚才发生的事情是个转折点，大难不死

必有后福，你我的共同事业不论遭到多少挫折，胜利将很快取得。"

显然，这不过是希特勒在自我解嘲罢了。

第二天，一场空前的血腥报复开始了，一批又一批军官被处决，秘密警察和党卫队先后杀死了近5000人，受牵连被投入集中营的人成千上万。

秘密警察头子希姆莱利用这次大清洗的机会，还监禁和杀害了许多和该事件无直接关系的人，只不过因为他们对现政权缺乏热情。这次，就连曾经在北非为希特勒立过赫赫战功的隆美尔元帅也未能幸免。据说在密谋分子那里查出一份名单，上面有内定隆美尔为"帝国总统"的内容。

这时候，隆美尔在前线负了重伤，住在一所野战医院里。他从前的参谋长刚刚去看望过他，就被逮捕了。

隆美尔离开医院回家以后，发现自己的住宅已受到监视。但希特勒却没有马上杀死他，因为如果把隆美尔这位德国最得人心的将领送上法庭的话，希特勒的老脸就没地方放了。于是，他想出了另外一招：逼隆美尔自杀。

这一招果然奏效，隆美尔不明不白地死了，一道冠冕堂皇的命令发向全国："隆美尔元帅因受伤引起脑栓塞不治身死，享年53岁，让我们的军队和公民为我国最伟大的指挥官之一的牺牲表示哀悼！"

希特勒下令举行国葬，还给隆美尔夫人发了唁电。国葬仪式上，在隆美尔的尸体前面，一个精心安排的不和谐的声音回荡着："他的心是属于元首的。"

希特勒挨炸以后，完全失去了对德国军官团的信任，他只能从纳粹头目的圈子里去寻找忠实于他的人，并加强他们的权力。

于是，血洗"同胞"的刽子手希姆莱被任命为后备军司令，戈培尔成为负责总体战争的特命全权代表。接着，戈培尔宣布实行总动员。

垂死挣扎
阿登孤注一掷

1944年6月6日，人们盼望已久的向西欧进军的开辟第二战场之战终于揭幕了，英美军队在法国诺曼底登陆。

希特勒大肆吹嘘的"大西洋壁垒"已彻底被突破，也为摧毁西线德军奠定了基础。然而，希特勒却拒绝撤退的建议。他曾在大本营对一些将军们训话，试图给他们灌输"铁的意志"并鼓舞士气。但大势已去，德军的逃兵数目与日俱增。

8月，希特勒还没从挨炸的情绪中摆脱出来，就传来波兰"家乡军"在华沙起义的消息。在盟军强劲的"夏季攻势"下，罗马尼亚亲德国的安东尼斯库政权被推翻，罗马尼亚向苏军投降。

9月8日，保加利亚向德国宣战。两天以后，芬兰同苏联签订停战协定。

9月20日，贝尔格莱德解放，德军退出巴尔干半岛。

10月，苏军攻入德国东部，"东线"已土崩瓦解。

"西线"的情况更糟。8月下旬，盟军包围了巴黎，法国国内抵抗力量和巴黎人民配合盟军，发动了武装起义。经过4天的战斗，巴黎于8月25日全部解放。

第二天，率领"自由法国"部队的戴高乐将军进入巴黎，受到巴黎人民的热烈欢迎。

巴黎解放两周以后，盟军已推进到德国西部边境。被晋升为元帅的蒙哥马利横扫比利时和荷兰的德军。"秋季战斗"结束，盟军先头部队已抵莱茵河畔，转入进行突破齐格菲防线的作战准备。

在这一时刻，德军西线总指挥，一度被希特勒解职的伦德施泰特元帅认为，战争实际上已经结束。可希特勒仍想孤注一掷，拼命地给将军们打气。

有人问他："敌军一旦突破莱茵河，占领了鲁尔工业区，德国还有什么抵抗的本钱？"

希特勒狠狠地瞪了这人一眼，厉声回答："盟军越来越暴露出并不是铁板一块，他们之间的关系已变得十分紧张，这表明他们决裂的日子就要到来了。历史上所有的联盟迟早要垮，我们唯一的办法是等待时机。"

正当盟军神速进击，德军节节败退之时，由于运输供应困难，英美的进攻突然在1944年9月份沉寂下来。这给了希特勒在阿登地区组织反攻的机会，他决定孤注一掷，倾尽全部兵力向盟军发动一次强大攻势，妄图挽回败局。

面对"西线"出现的暂时沉寂，希特勒认定解决西线危机的最后时机已到。他盘算了一下，德军目前还有几百万军队，如果继续两线作战，很快就会垮下来，但只要把兵力集中于西线，还有可能出奇制胜，赢得与美英谈判媾和的机会，然后再集中兵力到东线去对付苏军。

纳粹德国制造的"飞弹"

希特勒把这个显然是困兽犹斗的想法跟他的亲信约德尔谈了。约德尔问道："您在西线取胜的根据是什么呢？"

"西线地形复杂，距离比较短，不需要那么多燃料，能够比较有把握地攻占重要的战略目标。如果对东线开阔的平原展开攻击，规模就太大了。"希特勒回答。

约德尔问："就这些理由吗？"

希特勒说："不，您难道没有这种感觉，美国人和英国人不是像俄国人那么顽强的对手，英国人已经没有什么力量了，而美国人一旦形势不利就会丧失信心。"

约德尔问："那么，您认为西线的胜利将使我们最终打赢这场战争吗？"

希特勒说："我的意图是夺回战场的主动权，这样就可以利用获得的时间研制新式武器。"

约德尔问："您指的是V1、V2飞弹？"

希特勒说："是的，可能还有其他，只要能拖下去，盟国各个成员之间就会出现分裂，我们就可以打赢。"

其实，V1飞弹等武器不过是一种"远程大炮"，可以从欧洲大陆的发射场直接打到伦敦，然而它的精确性太差，绝大部分"飞弹"都未命中目标。希特勒指望它"对大不列颠起决定性作用，迫使美国人愿意议和"的梦想很快就破灭了。因为武器虽然是战争的重要因素，但不是决定性因素。

按照希特勒的部署，德军从东线抽出的兵力被悄悄地调往西线，共集中了约25万人，包括7个坦克师。临时拼凑的由孩子兵和胡子兵组成的人民步兵师也被派到莱茵河去。

1944年12月初，正当希特勒加紧调兵遣将，准备在西线发动突然袭击的时候，他的计划受到德军参谋部高级将领的反对。

陆军总参谋长古德里安大胆地争辩："元首，您这样做等于是放弃了东线的防御。"

"胡扯！"希特勒大声反驳，"用不着你来教训我。我已经在战场上指挥德军5年了，我取得的实际经验是总参谋部任何人也休想比得了的。我研究过前人的所有军事著作，我比你老练得多。"

"万一西线反攻失败，那不是连本钱都输光了吗？"另一个将领斗胆直言。

希特勒生气地说："放屁！根本就没有不冒风险的战争！反攻的突破口就选在阿登，这是西线盟军最薄弱的地带。一旦我们得手，就能切断他们的补给钱，给他们再来一次敦刻尔克，把他们全都赶到大海里去。"

此刻，在希特勒的幻觉中，又浮现出当年英国远征军一败涂地的情景。

为了指挥这次决定性的反攻，希特勒亲自赶到西线，为他的军官们打气。

一天夜里，前线的将领们被缴去公事包和武器后来到了指挥所。他们吃惊地发现，元首的背驼得很厉害，面部水肿，两手颤抖，尤其是左臂总是在抽搐。

元首开始训话了，重弹他的敌人将分崩离析的老调，显然，他刚刚服过了兴奋剂。他漫无边际地讲了两个小时。这期间，党卫队的侍卫始终站在每一把椅子后面，监视着每个人的一举一动。

"我们必须时刻向敌人表明，不管他们怎么样，他们决不能指望我们投降，决不能，决不能！"

希特勒以两个"决不能"结束了他的训示。随后，他把那份精心策划的军事计划交给了前线总指挥伦德施泰特元帅，上面有他的亲笔警告："不得更改。"

12月16日，德军开始了阿登攻势。

由于盟军没想到希特勒这个赌徒会孤注一掷，阵地几次被德军突破，造成了很大混乱和创伤。

丘吉尔拍急电给斯大林求援，于是，苏军从东线发动了强大攻势，迫使德军再次抽调西线兵力去支援东线，德军的攻势渐成强弩之末。

　　至1945年1月8日，希特勒眼看孤军深入的德军主力有被围歼的危险，终于长叹了一口气，下令撤出阿登前线的装甲部队。阿登攻势失败了，希特勒的老本也赔光了。

　　1月下旬，德国重要的西里西亚重工业区被盟军占领。军备部长施佩尔向希特勒递交了一份备忘录，厚厚的一沓。希特勒神情呆滞地拿起来，草草地翻了一遍，他没有对上面的大量统计数字留下丝毫印象，但却看清了其中的一行字："这场战争已经无可挽回地失败了。"

　　希特勒不能容忍部下的失败情绪，又一次病态发作，把大本营的将军召集起来，臭骂一通。

　　这次训话以后，希特勒像一个输光了钱的赌徒，从西线大本营溜回柏林。路上，他一直在喃喃自语："战争无可挽回地失败了，战争无可挽回地失败了……"他重复的正是施佩尔备忘录里的那句话。

"焦土作战"
阻止盟军进攻

在盟军强大攻势的压力下，希特勒的身体再也坚持不住了。

指挥作战的紧张，接二连三吃败仗所带来的震惊，久居地下室缺乏新鲜空气，经常大发脾气，以及遵照身边江湖医生的劝告每天服用有毒性的药品等，都使他的身体健康受到严重损害。

1944年，希特勒不得不卧床休息了。他发脾气时总是无法控制自己手脚的打颤。

1945年年初，盟军对纳粹德国的总攻击开始了。由苏联朱可夫元帅指挥的中路大军直捣第三帝国的心脏——柏林。至2月下旬，苏军先头部队已攻到奥德河东岸距离柏林30千米的地方。

在盟军胜利在望之际，1945年2月4日，罗斯福、丘吉尔和斯大林在苏联克里木半岛的雅尔塔举行了第二次三国首脑会议。

三位领导人经过一周的认真协商以后，在12日达成协议，主要内容是关于如何处理"无条件投降"后的德国。会议还决定在战后建立一个维护和平与安全的国际组织——联合国。不仅希特勒一心指望的盟国之间的分裂没有出现，相反，在彻底消灭德国军国主义问题上，盟国达到了空前的团结。

3月，盟军以87个师的兵力在西线发起总攻。英美军队于3月间强渡莱茵河后，迅速分兵向北德平原和鲁尔工业区疾进。在4月里，盟军进到距柏林只有60千米的易北河一线，形成了对柏林的合围之势。

在此期间，希特勒一直幽灵般地蛰居在不见天日的"暗堡"中。

1945年1月30日这天，希特勒通过暗堡连接到地面的电话线，向驻守柏

希特勒（蜡像）

林的德军将士发表了讲话，他想借自己担任德国总理12周年的日子为他的残兵败将打气。他说："不论眼下的危机多么严重，凭着我们的坚定意志、牺牲精神的能力最终是会克服它的。我们会克服这种危难的……"

他竭尽全力发表完他一生中最后一次演讲，然后颓然地离开话筒，回到那毫无生气的卧室里。

这时候，一位刚从前线回来的将军跟了进来，怀着疑惑的神情问："元首，你当真认为我们还能打赢吗？"

一段时间以来，希特勒周围的人已不止一次地向他提出过同样的问题。

希特勒没有对这位将军的话作出反应。

将军咬了咬牙，鼓足了勇气说："元首，我不想隐瞒事实，我挨过盟军飞机的轰炸，也领教过布尔什维克喀秋莎火箭炮的威力，可我

们的飞机在哪儿？我们的大炮在哪儿？全没了，连人都没了，我们的战争已经打输了！"他越说越激动。

这种话、这种失败主义情绪已不止一次地刺痛过希特勒。不过，这一次他没像往常那样大发雷霆，甚至没有争辩。

"是吗？这个我当然明白。"希特勒惊人地恢复了某种理智，他只说了这一句话，就摆摆手，示意将军退出。他当然比任何人都更早知道，这场战争输了，不过直至今天，他才第一次向他的部下公开承认了这一点。

这时候，一个给希特勒送战报的副官走进来，刚好听到他们的对话，他惊诧地望着眼前这位形容枯槁的老人，这难道就是自己所崇拜的至高无上的元首吗？他一边把一沓战报放在希特勒的桌上，一边问："既然如此，为什么还要继续打下去呢？"

希特勒半晌不语，突然从牙缝里挤出一句话来："为什么？为什么？你不懂，从彻底的失败中才能生长出新的国家来。"说到这里，他的眼中又闪烁出昔日的光彩。

"您去把戈培尔博士叫来，我有话对他说。"希特勒一有主意，就一刻也不能等待。他两眼直勾勾地盯着那扇半开的门，既像一个等待施舍的饿汉，又像一个刑场上的屠夫。

不一会儿，戈培尔跛着脚走进来。希特勒立即开口："我要你调动一切宣传手段，让丘吉尔、罗斯福闭上他们的嘴，停止对德国人的恶意宣传。我要让他们知道，德国人的出路只有一条，那就是死亡。因为，绝望的斗争包含着作为范例的永恒价值。"

"这是绝妙的英雄主义。"戈培尔迎合着元首的话，"我这就去办。"

这时，在所有的纳粹领袖中，大概只有戈培尔还对希特勒绝对服从，忠贞不贰。

3月19日，军备部长施佩尔来到暗堡，他本想直言不讳地劝说希特勒放弃最后的抵抗。他在来柏林的路上亲眼看见英美空军对德国中部城市德累斯顿的狂轰滥炸，好端端一座历史名城顷刻化为一片废墟，唯独市政大厦顶端的

一尊青石雕像残存下来。数不清的平民葬身火海，尸骨成堆，惨不忍睹。他觉得德国只有立即投降，才能免遭更大的灾难。

于是，施佩尔一见到希特勒，就斗胆直言："元首，我有充分的根据可以说，在4个至8个星期内，德国肯定最后崩溃，我们现在压倒一切的义务，就是要保证给德国人民留下一点将来重建生活的某种可能性。"

话还没说完，希特勒就按捺不住了，他举起双拳，脸气得通红，全身发抖，两眼鼓得就要掉出来，放开了嗓门吼叫："完了，完了，你们都承认失败了。可你根本不懂，德意志民族也要跟着完了，没有必要为这个民族保留一个最原始的生存基础。恰恰相反，最好由我们自己动手把这些基础破坏掉，因为战败就证明我们这个民族是软弱的，战争以后留下来的人不过都是些劣等货，因为优秀的人已经战死了。"

一阵狂怒过后，希特勒在暗堡中作出了他一生中最后一项重大决定。

他步履蹒跚地在地毯边上走来走去，当他走到施佩尔面前的时候，突然做了一个很不灵便的手势，语气开始变得缓和："施佩尔，我的老朋友，我的命令已起草好，就在办公桌上，我想你不必看了，那上面的大意是，要立即破坏敌军所到之处所有的交通设施、机车、卡车、桥梁、水坝、工厂和物资。你特别要注意命令的结尾处那句话：一切与本命令相抵触的都属无效。这个最重大的使命就交给你了。"

施佩尔听得脊背上都冒出了冷汗："元首，您这是'焦土'政策，请原谅我第一次不能接受您的命令。"他明白，希特勒是为了实现他那惨无人道的意图才缓和了说话的语气的。

希特勒说："我不打算重复已经说过的话，你必须一字不差地执行我的命令。"

"元首……"施佩尔还抱着一线希望，想让希特勒收回成命。

希特勒说："住嘴，我知道你不过是想再一次劝说我结束战争。那么，请你马上走开，如果不是出于对你的信任，我会叫人杀了你。"

施佩尔的打算完全落空了，他悻悻地转过身去，想同希特勒不辞而别，

末了，他还是转回身来，向希特勒伸出了手。

希特勒迟疑了一下，才勉强把颤抖的手臂递给了施佩尔，算是最后的握别。

不过，这一次施佩尔和其他一些军官并没有执行希特勒的命令，希特勒的"焦土政策"化为了泡影。

施佩尔走后，希特勒久久地伫立在墙边，目光呆滞地注视着墙上那幅腓特烈大帝的油画。

这是他最珍爱的艺术作品之一，本来是挂在总理府的大厅里的，进入暗堡的时候，特意派人把这幅肖像移到卧室的墙上。他梦魇般地祈祷着历史的重演。

至4月初，虽然苏军已经打到柏林城下，末日很快就要降临，可希特勒和他的几个最疯狂的追随者还在暗堡里祈祷着奇迹在最后一分钟出现。戈培尔不仅自己沉湎于这种幻觉中，而且看出自己的心思和元首也是相通的。

一天夜里，戈培尔拿着一本书兴冲冲地跨进希特勒的卧室。"元首，您不要老去思考那些令人诅咒的事情了，让我给您读一段书听听。"

希特勒问："什么书？"

戈培尔说："《腓特烈大帝史》！"

希特勒说："好书，好书。"

戈培尔说："您看我从这一页给您往下念。"

戈培尔本来就很会"演戏"。这会儿，他拿出自己的看家本领抑扬顿挫地读起来："英勇的国王！请您再等一等，您那受难的日子就要过去了，您交好运的太阳很快就要拨开云雾升起来照耀着您了……"他的确念得不坏。

希特勒歪靠在椅子上，双目紧闭，听着听着，几滴泪珠从眼缝里淌了下来。

戈培尔放下书，默默地注视着元首，他为自己的朗读深深感染了希特勒而自我陶醉。

事有凑巧，就在4月12日深夜，还是这个纳粹德国的宣传部长戈培尔，

当他穿过一片片焚烧的建筑物和总理府的废墟来到宣传部大楼的时候，意外地受到一个秘书的迎接。

秘书向他报告："罗斯福死了！"

"什么，你再说一遍！"

"罗斯福——死了！"

燃烧的火光映出戈培尔骤然开朗的面色，他喜不自禁地大叫一声："把最好的香槟酒拿出来，马上给我接元首的电话。"

元首在暗堡里拿起了话筒，里面立刻传出戈培尔上气不接下气的声音："我的元首，我向您祝贺！罗斯福死了！今天是星期五，4月13日，转折点到了！"

希特勒听到这里，"啪"的一声挂上了话筒。他立即叫他的亲信博尔曼去把暗堡里的人都召集起来，他要为罗斯福的死大大地庆贺一番。

幽闭的暗堡中第一次传出魔鬼般的笑声，可这出像发生在疯人院里的闹剧刚刚开场，就被苏军远程火炮的隆隆声淹没了。事实上，罗斯福的逝世对战局并没有发生影响。

希特勒盲目地兴奋了一阵以后，又精疲力竭地坐到圈手椅上，周围的人从他的脸上仍看不到任何希望，他看上去和他们没什么两样。

第二次
世界大战
主要元凶

末日来临
"狼穴" 自杀谢罪

　　暗堡中的日日夜夜对于希特勒是忙碌而沮丧的，对于他的部下是紧张而恐惧的，对于一般公务人员是枯燥而乏味的。

　　即将做新娘的爱娃·布劳瑙恩望着希特勒，她说不出自己是幸福还是恐惧。

　　希特勒常常由于召开马拉松式的会议熬到天亮，睡眠的时间一天比一天少，他周围的人也差不多都给折腾垮了。

　　正当希特勒因罗斯福去世而唤起的冲动破灭以后，被更深的精神痛苦折磨、缠绕的时候，他的情妇爱娃·布劳瑙恩出乎意料地来到柏林，出现在暗堡中。

　　她按照一个军官指引的方向，径直朝希特勒的书房走去。门被推开的时候，希特勒正坐在一张沙发上，他只是呆呆地看着爱娃，脸上毫无表情，仿佛在注视着一个陌生人。他根本想不到爱娃会突然出现在他的面前。

　　过一阵后，他开始有了反应，用颤抖的双手支撑着站起来，朝爱娃走去，边走边说："我说过叫你待在上萨尔茨堡的山间别墅里，你怎么……"

　　尽管他表情严肃，但仍掩饰不住内心的激动。那天晚上，希特勒什么也没干，陪着爱娃过了一个通宵。后来的日子，由于爱娃到来，占去了希特勒的一部分时间和精力，这才使那些累得够呛的公务员们松了口气。

　　爱娃当然是专为希特勒而来的，眼看着4月20日就要到了，在临近末日的时刻，她比希特勒周围的任何一个人都关心这个日子，因为这是元首的56岁生日。她打定主意，要让希特勒在诞辰那天愉快一下。

069

"他不是代表个人的，即使在最困难的时刻，也要设法恢复他的伟人形象。"她十分认真地思考着。

元首的生日到了，爱娃居然把几乎所有的纳粹领袖们都请来了，施佩尔、戈培尔、戈林、希姆莱、里宾特洛甫，以及那位玩弄权术的阴谋家博尔曼。他们一个接一个地来到总理府尚未完全炸毁的大客厅里，连军队首脑凯特尔、邓尼茨、约德尔等也赶来聚集在希特勒的生日招待会上。

宾客们挨个走向靠在圈手椅上的希特勒，道一声"祝您好运！""祝您健康！"然后迅速走到另一边，侍立在那里，仿佛不是在祝寿，而是在向遗体告别。

爱娃始终站在希特勒身旁，俨然"第一夫人"的样子，强作笑颜，不时地替他应酬着，以便把人们的注意力吸引到她身上。至少在眼下这个时刻，尽量不使人们留下元首已经快要完蛋的印象。

生日招待会将要收场的时候，希特勒突然制止了马上就要离去的客人。他要在这里举行最后一次有大部分纳粹要员参加的会议，以讨论他本人的去留问题：是撤到德国南部的山区去呢，还是继续留在柏林？事情已迫在眉睫，必须立即作出决断。

希姆莱表面上倾向于让希特勒离开柏林，他说是出于对元首安全的考虑，其实无非是想借此表现一下自己的忠诚，以便在希特勒死后由他担任第三帝国的元首。他荒唐地以为，只要元首死了，他就可以通过谈判结束战争。

戈林长期以来一直是第三帝国的第二号人物，他的权力欲自然比希姆莱更大，似乎希特勒的继承人早就非他莫属。但在现在这个场合，他却表现得无所适从，生怕一句话说走了嘴，使煮熟的鸭子飞了。

戈培尔是坚决反对希特勒离开柏林的，在他看来，第三帝国既已濒临灭亡，那么，元首的宝座对他已失去任何吸引力了。身为元首的信徒，除了在元首与柏林共存亡之际、作出献身表率，他别无选择，注定要和元首一道死去。他唯一需要考虑的是死在哪里和怎样死的问题。

　　他说出了一句举座皆惊的话："元首应当留在柏林激励士气！"因为他认定希特勒最终是不会离开帝国首都的。

　　只有一个人在暗中窥视着别人"表演"却始终一言不发，这就是博尔曼。

　　他认为元首的去留是个十分敏感的问题，只能由希特勒本人去决定，任何"建议"都可能招来杀身大祸。因此，他悄悄地坐在一个角落里，合上双眼，一副闭目养神的模样。其实，别人的话他一个字也没漏听。他有着录音机式的头脑，可以记下每个人的每一句话，挑出其中的瑕疵，然后再加以放大，利用他与希特勒形影不离的条件，给某人暗地里捅上一刀，或许就能置他于死地。

　　博尔曼在政治生涯中遇到的每一道障碍差不多都是这样迈过去的。他高过他的"伙伴"的地方，是他对希特勒的内心世界早已揣摩透了。

　　他天生就是一个最适合于在权力漩涡中周旋的人，只不过不是在台前，

希特勒（左）和情人爱娃（右）

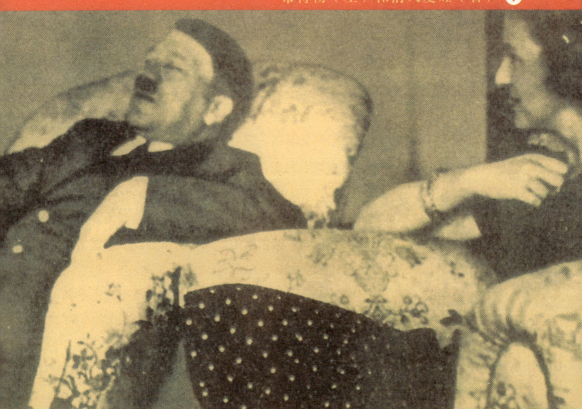

而是在幕后。他在如何攫取最高权力方面可说是机关算尽，但一旦离开了他驾轻就熟的"官场"，他又会显得愚不可及、一筹莫展。

希特勒耐心地听完了部下的意见，甚至更为认真地听取了最新的战况报告，然后，无止无休的会议才告一段落。

最后，希特勒再次重申了他在去留问题上的态度："德国的末日到了，我的末日也到了。对于我，剩下的只有牺牲，我要在这里而不是在别处，也就是在柏林，结束我的一生！其他没什么了，诸位都好自为之吧！"

戈林是第一个起来向希特勒告别的，他说要到德国南方去处理一些重要事情，怕晚了将无法乘车通过已被分割的战区。

希特勒对戈林的举动深为不满，但他没有发火，而是转过身去，走到海军元帅邓尼茨面前，用颇为信任的语气对他说："您将承担德国北方领导的重任，为了德意志的光荣而战斗！"

邓尼茨走后，其他人的辞行就纯粹是礼节性的了。两天以后，希特勒再次拒绝了凯特尔和约德尔劝他离开柏林的请求，这样，他就失去了逃离这座孤城的最后机会。

戈林跑到上萨尔茨堡后仍心神不定，竟摆出一副"法定"继承人的架势，匆忙给希特勒拍来一份电报，声称要"接管帝国的全部领导权"。他这样做的本意是想证实希特勒是否确有由他当继承人的诚意。

希特勒对戈林的举动大为震怒，连声高叫："这是背叛，背叛，没有比这更无耻的背叛！"他喘了口粗气又嚷道："我要下令逮捕他，以叛国罪逮捕他！现在一切都完了，没有人效忠到底，没有人尊重荣誉，什么对不起我的事都干出来了。"

这时候，戈培尔和爱娃来了。他们看过戈林的电报后也非常愤慨。爱娃忍不住大骂："他们全该杀。看来，德国仅有的好人都困守在这个暗堡里，其他都是卖国贼，因为他们没有在这里和我们同归于尽。"

爱娃所指的人除了戈林以外，还包括别的外逃者。不过她当时还不知道，希姆莱也在外逃者之列，他甚至已在私下谋求与英美单独媾和。

她更想不到，连她曾钟情过的妹夫、希特勒的联络副官也弄了10万马克和一些金子，准备神不知鬼不觉地离开柏林。当然，事情暴露以后，他被希特勒下令处决了。

希特勒被围困在柏林。他像一只受伤的野兽，不时地发出歇斯底里的叫声。他感到了前途的绝望，末日的来临。

4月25日，苏军和美军在柏林以南75千米的易北河上的托尔高会师，德国南北被切断了，希特勒被孤立在柏林。

所有的人都抛弃了他。希特勒周围全是腐败、怯懦、谎言、叛徒。四面楚歌中的希特勒叫来秘书，口授了一道声明。他表示，他将保卫首都到最后一刻。

4月23日，希姆莱和瑞典的福克·伯纳多特伯爵举行秘密会晤，他答应德军在西线投降。

4月28日，听到这一消息的希特勒脸部扭曲，肤色发红，他陷入失魂落魄的状态。使希特勒头脑清醒的是，紧接着得到的苏军接近总理府的报告。苏军将要在36小时内向他的地下总司令部发动强攻。

其实，4月25日以后，战况报告已没有任何意义了。

苏军在易北河与盟军会师以后，已进入柏林市区，与残存的德国守军展开了最后的巷战。冒着生命危险来向元首告别的最后一位纳粹高级官员是施佩尔，他陪元首度过了几小时的"平静时光"。

希特勒自知死期已近，就派人把爱娃叫到他的卧室，说："亲爱的，我们终于可以实现一块死去的愿望了！"

爱娃对希特勒的话心领神会，丝毫不感到惊讶。她既然来暗堡，就已把自己的命运和希特勒拴在一起，所以她根本不打算在希特勒死后自己还活下去。但在眼前，离那个最后的时刻还差一步，她要先和希特勒完婚……

婚礼在29日凌晨举行。在暗堡的小型作战室里，两位最重要的来宾戈培尔和博尔曼站在旁边，充当证婚人，由临时找来的一位柏林市政府的参议员主持婚礼。主持人手里拿着两页用打字机打的表格，开始询问登记表上需要

填写的主要内容。

填完表以后，主持人用颤抖的声音问希特勒："您愿意娶爱娃·布劳瑙恩为妻吗？"

"愿意！"希特勒答道。

主持人又转问爱娃："您愿意阿道夫·希特勒做您的丈夫吗？"

"我愿意！"爱娃回答。

然后两人分别在证书上签字，当爱娃习惯地写上她的姓"布劳瑙恩"的第一个字母"B"时就发现不对，赶忙把"B"划掉，改写成"爱娃·希特勒"。

在苏军炮火的轰隆声中，婚礼仓促收场了。

4月29日凌晨，婚礼刚完，婚宴还在进行之际，希特勒就悄悄地招呼他的女秘书到隔壁的房间去了。女秘书刚刚坐定在打字机前，希特勒就神态肃然地对她说："你要记下我的话，这是我的政治遗嘱。"

女秘书低声允诺着，不敢直视元首的脸。

希特勒沉默了一会，又凝视了一下腓特烈大帝像，下意识地用颤抖的手扣上了衬衣扣子。

这时候，女秘书偶一抬头，才注意到希特勒此时已脱掉了战争开始以来经常穿在身上的灰色军装，换上了一件西服外衣，只是那枚醒目的一级铁十字勋章仍佩戴在衣服的右上方。

希特勒开始口授他的遗嘱："自从我在1914年的强加于德国头上的第一次世界大战当中充当一名志愿兵并作出微薄的贡献以来，已经过去30多年了。"他说得很慢，显得底气不足。

打字机发出"嗒、嗒"的声响，女秘书毫不费力就能跟上元首的讲话速度。

"……说我或者德国的任何其他人在1939年时要战争，这是不真实的。希望战争和挑起战争的，完全是那些犹太血统的或者为犹太人利益服务的国际政客，那个种族，即犹太人，是这次互相残杀的真正罪魁，将要承担战争造成的一切后果。"

随着女秘书的手指机械地运动，一行接一行的字被打在白纸上："这6年的战争尽管受到种种挫折，但总有一天会作为一个民族争取生存的最光荣、

战争中被炸毁的德国城市 ◔

最英勇的表现而载入史册，时至今日，我不能抛弃这个作为帝国首都的城市……因此我已决定留在柏林，并且在我认为无法再担负元首和总理的职位时自愿在那里以身殉国……"

希特勒在没有指定继承人之前是不会死的。他在遗嘱中说："我任命邓尼茨海军元帅为德国总统和武装部队最高统帅。戈培尔出任总理，博尔曼为党务部长。"党务部长是一个新职务，是专为博尔曼设立的，带有安抚的性质。

4月29日下午，希特勒收到了从外面传来的最后一批消息。法西斯独裁者、希特勒的战友墨索里尼和他的情妇暴尸街头。

希特勒没有对他这位难兄难弟的死发表什么议论，只是恐惧地感到，他必须立即死去，不然，他的下场可能比墨索里尼更惨。他开始有条不紊地进行自杀准备。夜幕降临了，希特勒命令他的秘书烧毁档案中的文件。

他在私人住处与爱娃待了好几个小时，直至4月30日凌晨2时30分，希特勒才走出私人房间，向随行人员告别，和每一个人握手，嘴里咕哝着谁也听不清的话。他眼里充满泪水。

4月30日中午，希特勒得知苏军已突破波茨坦广场，距总理府仅一排楼房之遥时，他下定决心了。

希特勒和爱娃回到寝室，几分钟后，戈培尔、博尔曼和其他几个人听到一声枪响，他们等待着第二次枪声，但里面只有寂静。

大约10分钟后，博尔曼带头轻轻地走进"元首"房间，看见希特勒尸体趴在沙发上，血从右边太阳穴里流出来。爱娃躺在希特勒的身边，她是服剧毒死的。他们的尸体是在总理府花园火化的。

希特勒死亡的时间是1945年4月30日。这是希特勒56岁生日后的第十天，是他担任德国总理，建立第三帝国以来的12年零3个月。第三帝国的寿命只不过比他苟延残喘多活了一个星期。

1945年5月2日，苏军攻克柏林。

5月8日，德国凯特尔元帅代表德国最高统帅部在无条件投降书上正式签

字。希特勒建立的"第三帝国"终于灭亡了。

在战后的纽伦堡军事法庭的被告席上，共有21名纳粹战犯受到正义的审判，为首的是戈林，他被判处死刑后逃脱了看守的监视，服毒自杀了。

希姆莱没有被排入这21名被告之列。他狡猾地把氰化钾胶囊藏在牙龈的小洞里，当他感到情况不妙的时候，就咬破胶囊一命呜呼了。

赫斯、施佩尔、邓尼茨等7人被处10年以上的有期徒刑或无期徒刑。

被判处死刑的罗森堡、凯特尔、里宾特洛甫、约德尔等10人一个个地被送上了绞刑架。施佩尔是所有被告中唯一采取直率态度的，他无意回避自己的罪责，然而，历史终究是不会放过任何一个罪人的。

恶魔下场

第二次世界大战主要元凶

墨索里尼

　　墨索里尼，意大利法西斯党魁。1925年1月，墨索里尼宣布国家法西斯党为意大利唯一合法政党，从而建立了意大利法西斯主义独裁的统治。1940年6月10日，意大利正式加入轴心国，参加第二次世界大战。1945年4月27日，墨索里尼在逃亡途中被游击队俘虏、枪决。

年少轻狂
多次被驱逐出境

意大利法西斯党魁墨索里尼的家乡意大利东北部，素以铁拳和美酒闻名于世。1883年7月29日，本托·墨索里尼出生在艾米—罗马涅区的弗利省达维亚村。母亲是乡村小学教师。

由于家境贫寒，地位卑贱，墨索里尼多次遭到富人贵族子弟的歧视、欺辱，致使他从小就痛恨那些养尊处优、花天酒地的富人。而且这种愤怒后面隐藏着深深的嫉妒，他曾经对母亲发誓说："总有一天，我会让那些身居高位的人给我本托·墨索里尼让出一块空地。"

当墨索里尼的梦想变成现实时，他冷峻地回忆说："饥饿是一位良师益友，它的作用不亚于监狱和敌人。"

墨索里尼从小固执好斗，报复心强，野心勃勃，而且身强力壮，聪明过人，很早就成了村里一拨野小子的"孩子王"。休息日的早晨，村里许多人都到教堂去了，墨索里尼却独自爬上普雷达皮奥山。背靠着古罗马时代留下的残壁，思想却穿越时空，飞向那个充满传奇色彩的年月——富丽威严的城堡和里面不可一世的主人，他发誓要成为一个像恺撒那样的伟人。

1890年，墨索里尼到邻村去上学，他野性未改，行为乖戾，不听教诲，经常和同学们打架。他被处罚了几次，但始终未改。过了两年，学校索性把他开除了。后来，他的父母只好把他又送进另一所学校。然而，胡闹的脾气依然如故。

不过，他的聪明的确是出众的。教师们都夸奖他是"栋梁之材"，这更助长了他的狂妄。一天，市政府开音乐会，因为不让他进入，他便翻窗而

入，抢占了一个座位。后来，在老师们的帮助下，他渐渐知道用功，功课确实也很好，不过还是经常违反校规。有一次口试，他一口气说了半小时，教员给了他一个零分，但是称赞他的口才真好。

放假的时候，他总是练习演说的姿势。母亲问他干什么，他说："长大以后，我一定要让意大利听我的指挥。"

到了十三四岁，墨索里尼的父母为使他将来做个自食其力的劳动者，决定送他到福林波波利的师范学校去学习。这是一座很有名的培养教师的学

墨索里尼

校，学制6年。这对墨索里尼来说是难以忍受的。他在学校仍不甚用功，经常违反纪律。终于熬过了6年，取得了毕业文凭，在哥尔替瑞地方谋到了一个乡村小学教师的位子。

然而，这个野心勃勃的家伙只教了一年书，就再也待不下去了。他幻想有个"光辉灿烂"的前程，决心到社会上去闯，去飞腾。为了表示自己的决心，临行前墨索里尼写了一篇题为《坚强的意志乃是成功之母》的文章。从此，他结束了短暂的教师生涯，开始闯"江湖"去了。

墨索里尼卷起行李，离开了学校，怀着要做一番事业的野心去周游四方，考察世界，但并无具体的目标。他走到基亚索，乘车到瑞士西部去。在瑞士的生活是非常艰难的。他做过泥瓦匠、脚夫、缝工、帮厨等，但都不能持久。墨索里尼对于搞建筑有着异常的兴趣。有时，他也将意大利语翻成法语，或将法语翻成意大利语。总之，能找着什么事就做什么事。后来，墨索里尼说："那时我知道饥饿是什么滋味，但我既不借债，也不乞求于他人，而是靠自己的劳动维持最低标准的生活。由于受父亲的影响，我集中精力研究社会科学。"

闲暇时，他经常到洛桑大学旁听政治经济学和哲学课，借以提高自己分析和判断事物的能力。墨索里尼还经常参加当地的群众集会，有时也在公众场合发表演说。有一次说话不小心，他得罪了瑞士当局，被驱逐出境。

他回到意大利，正赶上征兵，随即在历史名城维罗纳参加了巴萨列里奥的联队。这个联队以善于快步训练而出名，士兵们的帽子上都饰有绿彩羽毛，借以与其他部队区别。正当他对这种紧张的生活稍微习惯的时候，长官突然通知他：家里来了电报，母亲病危！这对墨索里尼来说，犹如晴天霹雳，他急忙赶头班车走了。回家之后，母亲已经神志不清，不久就死去了。墨索里尼对此十分悲伤，但他还能克制自己，他在写给军中一位朋友的信中说："我代表我家里的人，谢谢你的好意。我现在只有一件事可做，就是照你所说的，我应当服从先母的教训，好好当兵，好好做人。女子可以哭哭啼啼，男子要能吃苦，不怕死，才可以救国，才可以继承先烈的遗志啊！"

第二次世界大战主要元凶

　　墨索里尼在部队服役期满后，仍旧回到瑞士。在这期间，还经常为意大利和瑞士报纸撰写文章，并不时在大庭广众之下演说社会主义和国际政治，受到不少人的拥护。当然，瑞士政府很注意他的行动。

　　由于受雷托思想的影响，墨索里尼反对全民政治。他说："平等与民治是人类错误的观念。实行起来，个性的发展就会受到限制。"

　　此外，他还研究尼采和索尔的哲学，这对他后来的思想影响很大。

　　有一次，法国的社会主义者绍雷斯到日内瓦做有关基督主义的演说。墨索里尼前去听讲，站在工人群中，衣衫不整。旁人都以为他是无政府党人。

　　绍雷斯演说不久，墨索里尼便举手表示反对，并且出言不逊，激起群众的公愤，大家认为这是一个故意捣乱的敌对分子，便要动手打他。多亏绍雷斯及时制止。绍雷斯叫大家安静等他演说完毕之后，再让这个反对派申说一番。在大庭广众之下，墨索里尼大讲教会对于罗马帝国之罪恶。他演说时，口若悬河，引经据典，条理分明，赢得了听众热烈的掌声。但是，瑞士警察局认为他的主张太激烈，他的言论妨碍治安，第二次对他下了驱逐令。

　　1908年，墨索里尼被迫移居到奥地利。最初任《特伦托新闻报》编辑，后来又在《人民报》做助理编辑。《人民报》是巴蒂斯蒂创办的，他想借此鼓动特伦托地方人民脱离奥地利的管辖。

　　巴蒂斯蒂是意大利统一时代的最后一个殉难者。墨索里尼第一次见巴蒂斯蒂，就留下了良好的印象。他利用报纸猛烈攻击奥地利的宗教势力，并力主恢复意大利已失去的土地。不久，他便因此被捕入狱，最后被驱逐出境。

自办报纸
宣传法西斯理论

　　不得已，墨索里尼回到意大利。此时，他已深刻地体会到，要想成就自己的"伟大事业"，必须大造舆论来动员群众。于是他决定办一份报纸，来为他进行舆论准备。

　　这张报纸名为《阶级斗争报》，是本地社会党的机关报。

　　墨索里尼对办报十分认真，他说："报纸不是拿文字堆积起来的。报纸是党的灵魂，党的标记。现在的社会党，实在是尸位素餐，没有什么好的理想。现在的主义，变成做官的捷径，为政客奸人所利用，不能为群众谋物质上精神上的进步了。社会主义，注重人类的合作，非努力工作、洗涤个人的身心是不能实现的。"

　　何等冠冕堂皇！

　　1912年，意大利社会党在勒佐伊弥利亚举行全国代表大会。墨索里尼在会上大出风头，很多人把他看成是全国的英雄。墨索里尼由于能言善辩，被推举为《前进报》的总编辑，从而掌握了社会党中央党报的舆论大权。

　　墨索里尼接管《前进报》之后，报纸发行量骤然增到10万多份，经济情况大为改观。党员人数也由5万人发展到15万人。

　　墨索里尼名声大振。他对法国革命家丹东甚为敬仰，特别对他发表的《为了战胜敌人必须勇敢、勇敢、再勇敢！》的著名演说十分欣赏。因此，每逢在纪念这位革命家的集会上，他总要发表讲话。

　　在一次集会上，到的人数较少些，而且多半是激进分子。他等了半个小时，带着怒容上台说："丹东的党徒，不像现在的意大利社会党，只空谈革

命，不肯务实。"

　　当时意大利社会党的一部分思想较保守的党员，受了资产阶级求名求利的影响，组成共济党。墨索里尼对此十分生气。在安科纳召开的社会党大会上，墨索里尼提出的社会党与共济党不能并容案，居然获得通过。

　　1922年，他又宣布共济党与法西斯党不能并存。

　　墨索里尼对于政敌和所谓好求虚荣的人，攻击不遗余力。某次，有一

墨索里尼

个社会党人想在文坛中出名，请墨索里尼在他的报上写一篇文章，论阶级斗争。墨索里尼请他也做一篇文章，论革命的玄秘。

　　这位社会党人，不知墨索里尼的用意，拼命做了一篇文章送来，问他的看法如何。

　　墨索里尼说："我看你是党中最笨的一位，你还是不弄笔墨好些！"

　　1914年8月，第一次世界大战的风云与迷雾已降临到眼前。但墨索里尼的小家庭仍过着较为平静的生活。

　　他的妻子拉凯莱是一个聪明贤惠的夫人，她耐心地、热诚地与丈夫同甘苦、共患难。女儿爱达是他们家中"快乐的种子"。

　　墨索里尼说："我不需要什么，我的一生只是一个可怕的挣扎，我的家是我唯一的甜蜜宁静的安慰者，好像沙漠中的一块绿洲。"

在第一次世界大战之前，到处发生政治纠纷，一片山雨欲来风满楼的局面，意大利也处在急剧的动荡之中。早在20世纪初，意大利就进入了帝国主义阶段。

在军事和经济方面实力薄弱的意大利帝国主义，力图在力量相匹敌的各帝国主义国家和各集团之间随机应变，并利用它们之间的矛盾来实现本国的侵略、扩张目的。意大利早在德、意、奥三国同盟期间，便采取了同英、法、俄接近的方针。

意大利统治集团连年战争和对劳动人民的剥削，激起了广大群众的反抗。1901年至1910年间，意大利约有300万人参加了罢工运动。

在1905年至1907年俄国革命的影响下，以及由于1908年开始的工业危机，和1911年至1912年的意土战争，意大利国内的阶级斗争日趋尖锐，群众革命情绪越来越高涨。

面对着统治阶级的残酷镇压，意大利到处在发生暴动，到处在举行起义。社会党内部反改良主义派占据了优势，掠夺战争的最公开的拥护者和主张同政府合作的毕索拉蒂和波诺米等人在1912年被开除出党。

1914年6月8日，根据社会党和总工会的号召，开始了抗议安科纳警察击毙参加反帝游行示威的3个工人的总罢工。

以"红色周"而著名的这次罢工，有的地方带有疾风骤雨的性质，起义者已经把政权夺到自己的手里。意大利统治阶级对此惶恐不安。

善于见风使舵的墨索里尼，在此情况下，对欧战极力主张保持中立。他在《前进报》上说："意大利最大的责任，在于缩小战事的范围。所以，要绝对中立，不做德、奥的走狗。"

11月间，他看到德国社会党极力帮助德皇，协约国的力量在扩大，形势对德、奥不利，便写了一篇题为《从绝对中立到积极中立》的文章，主张意大利应加强备战。

他告诉社会党人说："不是一切战争皆应反对，战争也有有益于革命的。"他主张意大利加入协约国对德作战，他说："德国是所有叛逆、耻

辱、奸诈的来源。"

墨索里尼的这种主张与社会党中央当时反对战争的态度是相矛盾的。

同月，意大利社会党在米兰开会，会开到半夜3点多。墨索里尼大胆地在台上说："从今以后，我与畏首畏尾不敢说话的人、不主张参战的人势不两立。"

墨索里尼未说之前，大家已摩拳擦掌。现在听了这番话，更是怒不可遏，拼命大喊："打死他！打死他！"墨索里尼见众怒不可犯，就壮着胆子说："诸位恨我，足见诸位还是爱我。"

于是，他解释了他做文章的目的，他说："诸位可以赶我出去，不可赶我的思想出去。德国人在法、比两国所犯的蛮横暴行，谁不知道？怎么还可以帮助他们呢？现在参战有利于扩大意大利的疆土，同时也可扭转国内群众的注意力。"

墨索里尼虽然作了很多的解释，但没人理睬他。他望着敌视的众人，怒不可遏，随即将桌上的水瓶摔碎，以示决裂。过了几日，社会党中央宣布开除墨索里尼的党籍，并撤销他《前进报》总编辑的职务。

墨索里尼离开社会党时，囊中只剩下5个里拉了。但是，至11月15日，在一些主战的垄断资本的支持下，他的《意大利人民报》居然问世了。

墨索里尼创办这份报纸，他的政敌都说他接受了法国的金钱。于是，政府组织了一个委员会，进行彻底清查。其中，有3人是社会党，3人是中立派。清查之后，知道开办费用全部由他的朋友"捐助"，并非"外国津贴"，才算了事。

在这一段时间，墨索里尼深受尼采唯意志论的影响。他赞扬主观战斗精神，强调人生的目的在于发挥权力、"扩张自我"，鼓吹"超人"哲学。他认为"超人"是历史的创造者，有权才能奴役群众，而普通人只是"超人"实现自己权力意志的工具。

他反对民主，反对马克思所提倡的真正社会主义，而对尼采的反动战争理论则是佩服得五体投地。他甚至宣称，战争就是道德，战争是强权政治的

墨索里尼

集中表现，只有通过战争才能达到自我扩张的目的。

《意大利人民报》一创刊，就用了引人注目的两句格言，一个是布朗基所说的："谁有铁拳，谁就有面包。"一个是拿破仑所说的："革命是一种理想，必须要有刀枪维持。"

墨索里尼在他所撰写的一篇题为《胆量》的社评中说："我们既然继续努力，我们就不可不知道一个又可怕又可爱的字，就是'战'。我说'战'这个字声音很大，我信仰心很重，我豪气很盛。因为我是对诸位青年人说的，对诸位在历史上有责任的人说的。"

墨索里尼认为：

非战不足以奋发有为，非战不足以改变平民政治所养成的人民的惰性。此外，意大利有很多未收复的土地，非流血更无还我河山之望了。

在墨索里尼的心目中，意大利人只图苟安，不肯前进，人人装聋作哑，希望他人吃苦冒险。他说："神人是已死的，超人是需要的。创造未来的环境，战争是唯一的救命剂。"

墨索时尼还鼓吹理想主义，他说："新理想主义要有新的精神，辅之以作战能力与牺牲态度。要以世界和人类为目标，不要只知爱乡里，处于消极状态中。"他相信这种主义可以制胜。

他离开社会党时，不少人以为他的政治生活要从此结束了。

但是，过了6个月，就是1915年5月，意大利终于对奥宣战。

"啊，意大利祖国，"墨索里尼写道，"我们要把生命奉献给你！"

转眼之间，他竟变成了一颗众人瞩目的政治明星了。他要"拯救"意大利，在他周围已经聚集了一批狂妄分子，墨索里尼已经成了自我扩张的主战派的首领，成了垄断资产阶级侵略扩张的代言人。

其实，墨索里尼虽百般鼓吹意大利参加第一次世界大战，并站在协约国一方，但这并非一件易事。

用墨索里尼的话说是："意大利人苟安岁月已久，不肯为理想而奋斗。要改变他们的态度是难乎其难的。"

此外还有一困难：意大利人民反对战争，厌恶侵略。特别是意大利首相饶里蒂和德国关系较密切。早在开战之前，意政府就与德、奥结成了三角联盟，规定一方若遭受攻击，其他两国必须支援。

为了撕毁这一同盟，墨索里尼除了利用《意大利人民报》大造舆论外，还创建了他自己的政党"革命同志会"——意大利法西斯党的前身。

1915年1月，他的党徒已有5000多人，多是流氓打手和主张侵略扩张的一些狂妄之徒。

在一次集会上，墨索里尼给他们打气说："诸位都是反抗旧习俗的青年，一定能干出一番轰轰烈烈的事业来。今天要战争，明天就要革命了。我要意大利加入战争有两个目的：一是对内的，一是对外的。参战的结果，可以打倒奥匈帝国，解放意大利被侵占的土地；另外，可以把法西斯思想传播

到俄、德两国，这对于世界革命、人类的自由是有贡献的。我们要脱去国家党和帝国主义党的面具，带着激进派、革命派反对宪政的精神，决心战斗到底！"

因为煽动战争，1915年4月11日，他在罗马被捕。遭监禁数日后被释放，仍著文章，发表演说，与人相争。他利用报纸集中攻击反战派，谴责他们为卖国贼。

墨索里尼说："我想要意大利国基巩固，必须要改造国会，至少要把10多个卖国议员枪毙！"

5月15日，墨索里尼发表社论：

> 意大利到了生死存亡关头，在这千钧一发之际，人民应当自决。或者是战争，或者是革命，二者必居其一。

过了几天，他又写道："意大利的形势和欧洲的政局都落在你们的肩上了。"

就这样，经过他大张旗鼓的宣传，响应者逐渐增多，最有势力者要算意大利著名诗人邓南遮了。

当时，全国沸腾。饶里蒂的反对参战案马上就被否决了。意大利国王鉴于米兰、罗马、帕杜阿、热那亚和那不勒斯各处主战者的骚动，只得舍去饶里蒂，再召回萨兰德拉组阁。这是墨索里尼在强有力的众多政敌面前获得的一次重大胜利。

其实，意大利早就是两个帝国主义集团争夺的重要对象。英、法为了把意大利拉向协约国一边，同德、奥集团展开了激烈的外交斗争。

因为意大利地处地中海，不仅战略地位重要，而且拥有同法国不相上下的人力，有一支较大的陆海军。意大利的直接参战，将对西欧战场发生一定的影响。

1915年3月，意大利政府同时与两交战集团谈判。在德国压力下，奥匈

帝国不惜忍痛割爱，表示愿意交出一部分领地，作为对意大利继续信守"中立"的报酬。但这些领地为数不多，又不能马上兑现，当然不能满足意大利统治阶级的欲望。

这时，意大利帝国主义的胃口越来越大，除了要求获得特兰提诺、提罗尔、的里雅斯特、整个伊斯特利亚和达尔马提亚沿岸等地区外，还主张在阿尔巴尼亚中部成立一个由意大利控制的自治公国，并要求获得非洲一些殖民地和某些土耳其领地。

英国首先答应了意大利的要求，法、俄也跟着表示同意。就这样，经过长期的讨价还价之后，意大利终于在1915年同协约国签订了《伦敦条约》，并正式表示站在协约国方面。

1915年5月23日，萨兰德拉继饶里蒂为意大利首相。依照墨索里尼等人的意旨，对德、奥正式宣战。

第二天，墨索里尼发表了极具煽动性的社论：

从今天起，意大利人民要从军了；从今日起，意大利境内没有党派的成见，只有整个的民族。刀枪相接的时候，我们只有一句话要说，就是"意大利万岁"！我们现在方才知道，祖国的生存是与人民的幸福密切相关的；我们现在才知道，意大利民族是一个有着强大活力的民族。我们愿与意大利共存亡！

惡魔下场

一手创办
"战斗的法西斯党"

墨索里尼成功了！他激动不已。

1915年9月3日，墨索里尼对《意大利人民报》的同仁说："我去前线作战了，希望后面要有保障，要睁开眼睛，尽力奋斗。谨祝诸君努力！"

为了这场战争，墨索里尼曾经挥动了数千次笔杆。如今战争降临，他迫不及待地投笔从戎了！

战场上，墨索里尼为了他的野心，奋勇顽强。一次战斗中，他受了重伤，险些丧命，前后动了27次手术，从身上取出大约44个弹片。他只好回到米兰报社。

为了实现自己的反动抱负，墨索里尼于1919年3月在米兰召集旧时政治上和行伍中的同志150人，组成了一个"战斗的法西斯党"。在古罗马时代，法西斯是执政官的权力象征。入党的人，多是些亡命之徒，抱定决心要摧毁布尔什维克在意大利的势力，决心与人民为敌。

1919年至1920年的局势表明，意大利的无产阶级已经觉醒，垄断资产阶级眼看依靠资产阶级议会已经不能保持政权，于是支持墨索里尼建立公开的法西斯恐怖专政来巩固他们的统治地位。

此外，扶植法西斯的另一直接目的，便是意大利帝国主义准备参加世界再瓜分的斗争。意大利法西斯主义，曾经得到国际反动势力，尤其是英、美垄断组织和梵蒂冈在财政和政治上的广泛支持。

法西斯党魁墨索里尼为了在小资产阶级、富农、反动的大学生、军官和思想堕落分子中招募拥护者，展开了民族沙文主义的蛊惑宣传煽动。

　　法西斯党诞生后，这帮匪徒就对革命团体和工人阶级的先进分子开始了恐怖活动。工人们对法西斯匪帮进行了英勇的抵抗，但是当时他们缺乏坚强的革命领导，而且没有很好地组织起来。

　　社会党中的右派和中派的领袖们，实际上以自己的姑息政策为法西斯主义扫清了道路。

　　墨索里尼组成意大利第一届法西斯政府为了广泛招揽党徒，除了进行蛊惑人心的宣传外，还制订了党旗、党徽。

　　意大利法西斯党的标志是一束棒子。这原是古罗马高级执法官的标志，墨索里尼拿它来作为法西斯党的党徽。一束棒子捆在一起，中间捆着一柄斧头，棒子象征人民，斧头象征领袖，意思是人民要绝对服从他们勇武的领袖。同时，这也象征意大利人民古代的光荣。

意大利法西斯党标志

　　法西斯党还规定必须行罗马式敬礼，高唱青年进行曲。

　　墨索里尼用"信仰、服从、战斗"的口号，代替他所鄙视的民主政治的"自由、平等、博爱"。

　　墨索里尼不断地使用一些厚黑手段迷诱、蛊惑人心，"假如现在谁要反对已完结、已胜利的战争，我们就要直言不讳地承认我们是主战者，我们感到十分荣幸，我们将要大声疾呼：'滚开，你们这些流氓！'没

有一个人能忘记为战争而死的将士。他们形成神圣不可侵犯的群体，好像埃及的金字塔上接天空，他们不是属于任何人的，没有一个人能将他们分开。他们也不是属于任何党派的，他们属于整个的祖国。他们属于全人类，我们能看着死者受辱而袖手旁观吗？"

墨索里尼别有用心的宣传果然在军界产生了影响，一些主战者、退伍军人、暴徒、解职军官以及阿尔迪特敢死队，纷纷聚集在法西斯的旗帜之下。这使野心勃勃的墨索里尼更加不可一世！

同时，墨索里尼在思想上、组织上进行了彻底的统治。凡是加入"战斗的法西斯"组织的，必须遵守墨索里尼的信条：服从命令，不准空口说白话；目的明确，要不顾一切地去为胜利而战；纪念死者，尊敬伤残者及死亡者的家属。总之，就是反共、反社会主义，在政治上创造一个新的法西斯的意大利。

当时，在意大利，有些人说，他们不明白法西斯的目的到底是什么；有些人说，法西斯在意大利如同花草长在无花匠的花园里。为了扩大宣传，墨索里尼急忙把他的纲领、主张写出来，连续发布了3个布告：

第一次是宣告法西斯举行会议，表示向一切为争取意大利的伟大与世界自由而死的意国人民致敬；向一切因战争而残废和患有不治之症者致敬；并向一切牢记不忘和努力完成他们的责任的人致意。法西斯还宣称，他们准备全力保护和支持个人所拥有的一切物质的和精神的财富。

这一声明争取了军界，稳定了资产阶级。

第二次布告，宣称法西斯反对有害于意大利的任何帝国主义；扬言接受国际联盟关于意大利的"提示"；声明要确保意大利边境在阿尔卑斯山与亚得里亚海之间的稳定。这一布告进一步煽起了沙文主义的狂热。

第三次的宣言中，说到最近的选举。法西斯声明他们将全力与一切党派竞争，他们要拯救意大利，要充当救世主。

1919年6月，协约国针对德国的和约终于在巴黎的凡尔赛宫签订了，这对墨索里尼来说，无疑是一场噩梦！愤怒之火和不满情绪在军界、法西斯党

徒和狂热的扩张主义分子中燃烧着、蔓延着。250万军人复员之后，造成普遍失业和社会动乱。战后通货膨胀和经济危机扼杀了衰弱的国民经济。

更为危险的是，在墨索里尼的煽动下，民族主义分子到处兴风作浪。

他们认为，尽管意大利在战后获得了一些领土，但受了欺骗。当年参战时，英、法曾答应把某些奥匈帝国的领土划归意大利，但是美国并没有兑现这种许诺，主张民族自决的威尔逊总统，不赞成把这片土地划归意大利。争论中心是亚得里亚海的港口阜姆，意大利人和南斯拉夫人都要求占据这个地方。

阜姆的命运，具体而微妙地显示了意大利历史发展的趋势。

1919年9月，狂热的民族主义诗人邓南遮在法西斯党的赞助下，决心攫取阜姆。为了达到这个目的，他募集了一批冲锋队员。

在这支冲锋队里，有许多是从监狱里出来的愿效忠死战的囚徒。这帮亡命之徒在邓南遮的率领下，向阜姆进发，决心在那里建立一个独裁专政的法西斯式的政权。

但是，事情的发展，并未使墨索里尼如愿以偿。11月16日大选揭晓了，法西斯一败涂地。他们之中没有一个人被选入国会，甚至在墨索里尼的老巢米兰，他的票数也很少。

邓南遮一伙进军阜姆也不甚顺利。由于意大利和南斯拉夫签订了《拉帕洛条约》，暴徒们在霸占了阜姆15个月后，在强大的国际舆论压力下，又被迫撤出。

诸多事实表明，广大民众是反法西斯的。他们担心，法西斯会把人们拖入阴暗的地狱。

面对这种情况，墨索里尼故作镇静，他在给党徒们打气时说："不要害怕，意大利会自己医治它的病的。我们应当鼓起勇气，努力！努力！再努力！再过两年我们的机会就要来了。"

他在一篇题为《让我们航行》的文章中还写道："我们应不顾一切地去航行！甚至逆流而上，即使冒覆舟的危险也在所不辞！"

为了煽动民族沙文主义，转移国内人民对法西斯的注意力，墨索里尼对尼蒂政府进行不遗余力的攻击。

在1920年1月8日的《意大利人民报》上，头版载有这样的标题：《蜗牛先生卡戈亚的惊人的言语》，这个外号是邓南遮送给尼蒂的。

墨索里尼还采用同样的手法，写了一篇题为《不幸》的社论，集中攻击尼蒂在巴黎谈判中如何步步退让、丧权辱国。

经过一番宣传，群情骚动起来了。在外交使团中也生出一些无稽的谣传，称南斯拉夫人要占领整个亚得里亚海岸了，罗马陷于异常紧张、恐怖之中。学生、教授、工人、市民举行了声势浩大的游行示威，要求政府收回达尔马提亚和阜姆，以表示他们对祖国的忠诚。

在群众的要求下，尼蒂政府倒台了，以首相为职业的饶里蒂继续组阁，但是他的政府日甚一日地软弱无能。人民群众对局势越来越不满，革命运动蓬勃发展。人们纷纷占领工厂，建立工厂管理委员会；象征苏维埃的镰刀和斧头的红旗，飘扬在工厂上空。人民发出要当家做主的吼声，对法西斯暴徒充满无限的仇恨。

墨索里尼和他的党徒们对此咬牙切齿，恨之入骨。他们认为"愚昧"充满了工人与农民群众的胸中；要想用好话，或用宗教式的劝告是无用的；最需要的就是一种"合时的、恳切的对英武的暴力的承认"。

他们要大打出手，向人民开刀了。正如墨索里尼所供认的，法西斯所需要的是暴力、流血与牺牲，"绝不能用乳水难融的宣传方法，用言语——国会与新闻界中无聊的斗争"。

法西斯的暴力是异常凶猛的。有不少暴徒来自军队和学校。他们的战斗小分队四处活动，对人民群众进行恐吓、抢劫、勒索和骚扰。

当时，在大街上与田野中，每天都有血战发生。星期日、假日和任何集会的时间，都有斗争发生。法西斯别动队四处袭击工会，焚烧社会党的《前进报》报馆，殴打、枪杀进步人士和共产党人。

在第二次大选中，法西斯匪徒口出狂言：谁不投黑衫党的票，重者将

遭到致命的报复，轻者也要喝一杯蓖麻籽油。在暴徒们的恐吓和枪棒威胁面前，不少人慑服了，法西斯党因此所获选票大增。他们不仅在米兰占有压倒性优势，而且在波伦亚、弗利也获得了成功。

1919年11月，选举墨索里尼的票数不过4000张，1921年的选票骤增至17.8万张。法西斯党为此大肆庆祝。他们在国会组织了法西斯党团，在国会535席中虽然只赢得了35席，但他们的反动能量却很大，成了操纵国会、干预国事的一支不可忽视的威慑力量。

墨索里尼不仅指挥法西斯党徒进行武斗，而且还身体力行，亲自参加决斗。他先后与政敌对阵厮杀，交战数回合，最后利用他擅长的剑术击败对方。

由于连年战争，加上法西斯的捣乱、破坏，意大利经济日益恶化，难以维持，至1922年，意大利最大的银行——国家银行也倒闭了。这在国内外引起了很大震动。

急于夺权的墨索里尼，面对这一情况，陷入了沉思："无知、愚蠢、过失、轻浮，今后如何接管这样一个烂摊子呢？"

1922年1月，墨索里尼以《意大利人民报》总编辑的身份出席了正在法国戛纳召开的国际联盟会议。他从会上了解到，意大利货币的比值比法国的少一半。

他认为这是一种耻辱，是对战胜国的打击，表明意大利正在走向破产。他在题为《戛纳会议以后》一文中惊呼："在目前精神与经济恐慌的情形之下，必须往前进，否则就要沉沦下去了。"

随着法西斯的胡作非为，意大利的各种矛盾进一步激化。一天，一个狂热支持法西斯的军官菲德烈克·佛罗瑞阿中将被他的下属刺杀了。

墨索里尼对此颇为伤感，他狂吠："这是一个令人惊骇的事件！"他要法西斯党徒继承死者的遗志，坚决按着既定的目标走下去。

他说："在意大利近代史上，没有一个党，没有一种运动能比得上法西斯。没有一种理想及得上法西斯，它是青年人的血所供奉的。"

恶魔下场

　　法西斯匪徒们发誓，要对革命党团血战到底。在大街上，在公共场所，法西斯匪徒们以维持秩序的名义，到处行凶作乱，枪杀进步人士。

　　墨索里尼声嘶力竭地说："我拿我的名誉担保，誓将红色的党团击碎。"

　　为了壮大反革命武装力量，准备全面夺权，墨索里尼专门组织了一个军事参议会，广招军官和旧军人，训练武装匪徒，对共产党和革命人民团体进行残酷镇压，制造恐怖气氛。

　　所有法西斯党徒，都着黑色制服，号称黑衫党。他们对自己的领袖无限崇拜，每次见到墨索里尼都行古代的致敬礼。他们杀气腾腾，性格粗野，在大街上，常常听见他们"杀！杀！杀！"的狂吠声。

暴力夺取
党权、政权、军权

在法西斯狂暴面前，软弱的意大利资产阶级政府，像走马灯似的换来换去。刚上任没有几天的法克达政府又摇摇欲坠了。

在1922年7月19日的国会上，墨索里尼对这位倒霉的总理进行了挖空心思的攻击。

他说："从各方面看来都是不相宜的。虽然你的朋友以慈悲为怀而捧你，但是你的内阁还是不能生存，我警告它不能再得过且过地维持寿命了。而且你所依靠的人，都是和你一样的无用之徒。"

最后，墨索里尼用威胁的口气说："现在法西斯党要自行其是了，或者要做一个执政党，或者要做一个乱党，何去何从，要看局势的发展了！"

法西斯党要夺权了。

至1922年11月1日，法西斯的武装党徒已发展到50万人，普通党员达100万人。另外，在它操纵控制下的工会和其他社团还有250万人。

当时意大利政治阴云密布，恐怖气氛笼罩全国。震惊世界的法西斯夺权的进军就要开始了。

1922年10月20日，在垄断资产阶级、军队和天主教会的支持下，法西斯总部下令全国总动员，并发表对全国国民的檄文，宣布进军罗马。

法西斯劝告军警不要和他们作战，劝慰有产者不要害怕，声明保护工农的正当权益，扬言对皇室尽忠，只是要推翻腐朽的统治阶级。

法西斯大军一路攻克克雷莫纳、亚历山大里亚和波伦亚，沿路政府军队和警察严守中立，不敢出击。各资产阶级政党也纷纷屈膝投降。法克达总理

请求宣布戒严，国王拒绝签字。

　　法西斯军队很快兵临罗马城下，垄断资产阶级乘机施压。10月29日，国王下令召唤墨索里尼前来罗马负责组阁。11月1日，墨索里尼将《意大利人民报》交给其弟阿纳尔杜负责，自己驱车前往罗马组建法西斯政权。罗马政权不战而降。

　　从法西斯组建，到进军罗马，墨索里尼当上内阁总理，前后不过3年时间。墨索里尼这个法西斯分子夺权成功了。

　　墨索里尼夺权的成功并没有给意大利带来稳定局面。墨索里尼犹如坐在即将爆发的火山口上，心急如焚。经过冥思苦想，他决定采取怀柔和镇压相结合的政策。

　　一方面，他对监狱的犯人实行大赦，以造成虚假的和平空气；另一方面，他又迅速强化专政力量，将已经准备解散的法西斯黑衫军改编为"国家保安志愿民团"。

◆ 罗马威尼斯广场

此外，他还组织了一个大议会，完全由法西斯党人和阁员组成，实际上是国会的"太上皇"。

1924年4月6日，墨索里尼宣布大选。

为了取胜，他煞费苦心耍计谋，使大选完全在法西斯党的领导和控制下进行。为了避免"骚动"和所谓使选举"有秩序"地进行，规定事先由法西斯参议会统一提出候选人名单。

为了装饰门面，名单上也列出了前内阁总理阿兰多和前议长德尼古拉等少数人作为象征，但大部分都是"大议会"挑选的新人物。它包括200名加入法西斯党的所谓"身经百战"的军官，10名获金牌、114名获银牌和98名获铜牌的法西斯"模范党员"，80名残废军人，34名"保安民团"成员。这种在刺刀下强奸民意的安排，各政党犹如哑巴吃黄连，有苦难言。

布置完"舞会"背景，确定好"演员"阵容，墨索里尼亲自前去米兰指挥选举丑剧的进行。法西斯党徒更是四处活动，在全国各地强拉选票。

即使这样，在全国500万选民中，有200万人投了反对票。但对法西斯党来说，这仍是破天荒的一次"伟大胜利"。

墨索里尼回到罗马时，像凯旋的英雄一样，受到了法西斯党徒们的隆重欢迎。这是他本人导演的一次"精彩"表演，也是法西斯匪徒们向全国人民的挑战和示威。

5月24日，在墨索里尼主持下召开了第二十七届国会。那些所谓"不忠于国家及损害意大利伟大的分子"都被禁止与会。

会上只有事先经过挑选的法西斯代表在鼓噪，他们除了大骂共产党人和革命群众外，就是对他们的"领袖"歌功颂德。

最后，墨索里尼矫揉造作地说："因为我们是代表人民的，所以必须将你们的和我的嫌忌抛开。只有这样，我们才能展望未来，在我们尊敬的国家的实体中生活。"

墨索里尼一面迷恋于暴力维持的权力，一面疯狂地大搞偶像崇拜。

至1925年10月，基本上完成了对各项工作的改造，实现了他所提出的

"一切权力归法西斯"的计划，而墨索里尼本人，也集党权、政权、军权于一身，成了名副其实的独裁者。

威尼斯宫位于罗马中央的威尼斯广场，耸立于卡比托利欧之麓，是一座中世纪堡垒兼低塔似的庞大的黄色石料建筑。

这座宫殿由罗马教皇始建，已经过了5个世纪，自17世纪一度让于威尼斯共和国以来，辗转于奥地利皇室之手，于1915年由意大利王国从奥地利皇室手中夺回。它构造之精，形体之大，墙壁之厚，凌驾于其他宫殿之上。至于厅堂之大，更是超过了其他建筑。

野心勃勃的墨索里尼就坐在昔日帝王的宝座上发号施令，这里成了法西斯统治4000多万意大利人民的中心。他每天在这里发号施令，同时每天在这里接待远方来客和法西斯的党政要人。

墨索里尼当时是意大利最有权势的人，也是最忙的人。办公室装着3部电话机。他的书桌看上去倒也简单朴素，除了日常处理的公文外，就是平日他所最喜欢读的《俾斯麦传》和莎士比亚的《裘力斯·恺撒》等著作。

他崇拜俾斯麦，但更崇拜恺撒。他十分赞赏恺撒的武功，特别崇拜他在对外侵略扩张中的韬略和英勇献身精神。

恺撒说："懦夫在未死以前，就已经死过好多次；勇士一生只死一次。在我所听到过的一切怪事之中，人们的贪生怕死是一件最奇怪的事情，因为死本来是一个人免不了的结局，它要来的时候谁也不能叫它不来。"

这段话给墨索里尼留下了深刻的印象。他认为要活着就要像恺撒一样，耀武扬威，做出一番轰轰烈烈的事业，为扩大意大利的疆土作出自己的贡献。

他曾多次对部下说过，弱肉强食是人类生存竞争本能的表现，弱者必然为强者所征服。只有像恺撒这样的人，才是真正的民族英雄，才值得受人尊敬。因此，他对恺撒的死是十分同情的。

他痛恨刺杀恺撒的"叛徒"，他赞扬忠于恺撒的老臣安东尼。每逢读到

安东尼写下的那段悼词时，墨索里尼都声泪俱下，感叹不已。

正是基于恺撒的教训，墨索里尼进一步加强了对法西斯党的控制，对一些"叛徒"和不忠者，一经发现，立即处置，以防后患。另外，墨索里尼注意培植亲信，强调法西斯党只有一个领袖、一个主义，全党必须绝对忠于他。

1932年3月23日至4月4日的一段时间里，著名的德国传记作家卢特维希专门造访了这个独裁者，同他进行了长时间的有趣的谈话。

早在法西斯夺权之前，这个作家就从事于对墨索里尼的研究，并曾试图对他做一个历史的、心理的、戏剧的描写。当他们第一次会见时，古罗马恺撒的形象很自然地就立刻呈现在作家面前了。

虽然墨索里尼穿的是黑外衣，打的是黑领结，而且有电话机在他们两人中间闪着光，但是墨索里尼的举止、风度极力模仿古时的恺撒大帝，给人留下了"朕就是国家"的深刻印象。

墨索里尼以"当代的恺撒"自命。"人生自有其价值，"他自信地说，"你却不能生而不冒险。即使在今天，我也想再冒一次战争的危险。"

遗憾的是，墨索里尼不是恺撒。在入侵阿比西尼亚的过程中，他的将军们发现，这位领袖对实际的战争根本一无所知。他的种种漫不经心而又自相矛盾的作战计划，弄得最高司令官德·博诺头昏脑胀、无所适从。两个月过去了，缺乏训练、军备落后的阿国抵抗军仍然在意大利的尖刀部队面前岿然不动。

第二位走马上任的将军巴多格利奥不得不采取了强硬的姿态。一上前线，他就给领袖发电说："如欲获胜，请勿管事！"墨索里尼为此大发雷霆，然而不得不承认巴多格利奥的实战能力确实比他"略胜一筹"。

加入邪恶的
"轴心国"组织

在20世纪20年代和30年代前半期，意大利与德国之间的关系十分紧张。

长期以来，德国一直利用民族矛盾在欧洲搞"泛德意志主义"，意大利因为最北部上阿迪杰地区日耳曼族居民较多，也受到"泛德意志主义"的威胁。为此，墨索里尼曾资助奥地利新闻界200万奥地利先令，专门用于反德宣传。

1933年1月底，希特勒效法墨索里尼，夺取了德国执政大权。墨索里尼闻讯后，竟十分高兴地说："我的法西斯主义思想正在夺取世界，是我为希特勒提供了许多好主意、好做法，现在他还在继续效法我。"

希特勒很想见见这位"老师"，未上台前他就托意大利驻德商务代办处负责人朱塞佩·伦泽蒂转告墨索里尼，非常想得到一张墨索里尼亲笔签名的照片。墨索里尼那时还未把希特勒放在眼里，他以"师长"傲慢的姿态大笔潦草地写了几个字，回绝了希特勒的要求。

希特勒上台后，在招待各国使节的晚宴上，有意将意大利大使夫妇的名次摆在前面，向大使夫妇一再表示说："我非常敬佩贵国的领袖，他是一个伟大的人，我希望早日认识他。""如果有幸见到他，那将是我一生中最幸福的日子。"

1934年6月，希特勒终于接到墨索里尼的邀请，到威尼斯进行短期访问。

6月4日，墨索里尼特意从罗马赶到威尼斯利多岛的圣尼科洛飞机场迎接希特勒。墨索里尼身穿军服，佩戴耀眼的勋章绶带，摆出"新帝国第一元帅"的派头。当希特勒出现在欢迎人群面前时，人们对他的仪表感到意外。

与墨索里尼相反，希特勒服饰十分随便。他身穿束着腰带的黄褐色风衣，头戴一顶宽边礼帽，加上他那蓄有一撮小胡子的瘦脸，压根儿显不出一个国家领导人的风度。

希特勒的打扮使墨索里尼感到很不愉快，他悄声对身边自己的女婿、30岁的新闻办公室主任加莱阿佐·齐亚诺说："此人真不讨人喜欢。"

在埃塞俄比亚代价昂贵的成功令墨索里尼昏了头脑。1937年，他应西班牙将军佛朗哥的请求，与希特勒携手支援推翻共和政府的暴动。

当年9月，德、意、日三国在柏林签署了《反对共产国际的同盟协定》。

奇怪的是，从柏林回来的墨索里尼突然间变得颓唐而消沉，失去了往日那种不可一世的自信。原来，在访问德国的几天里，希特勒炫耀地向他展示了德国的现代化装甲部队和先进武器装备。

墨索里尼骤然意识到，在不知不觉之中希特勒已经造出了一架可怕的战争机器。只徒有虚表的意大利再也不是德国的同级对手了。

1938年3月12日，脚穿长筒靴的纳粹军队占领了维也纳。墨索里尼除了私下抱怨外未置一词。

1939年3月，希特勒占领了捷克斯洛伐克，只在事后拍来一封电报"向领袖报喜"。墨索里尼被优柔寡断的痛苦折磨得几近疯狂。希特勒不时地送来一张胜战纪录片的拷贝。在波兰、在挪威、在丹麦、在荷兰，"元首"希望"领袖"能尽快表态，走出暧昧不清的"中间"立场。

在巨大的诱惑下，墨索里尼终于押下了他的筹码，期望最后能在德国的"伟大胜利"中分得一份"红利"。

1940年6月10日，意大利向英国宣战！

墨索里尼自鸣得意地向惊慌失措的部下辩解："不用担心，这场战争到9月份就能结束。只需要死几千人，我就可以作为战胜国的领袖参加和平会议！"

墨索里尼在把国人拖入第二次世界大战的深渊后，由于他并非像自己所认为的那样，是一位军事天才，加之过高地估计了意大利军队的作战能力，

使意大利军队在战场上屡战屡败。而且在大战期间，作为最高统帅的墨索里尼，仍与和平时期一样，经常犯下为追求表面效果而牺牲实利的错误。

以至于有人指出，墨索里尼给人的印象与其说是一位总司令或国防大臣，还不如说是一名记者，因为他满脑子考虑的都是明天的新闻标题。更有甚者，墨索里尼往往把意军在战场上失利的责任都推卸给军队，推卸给整个意大利人民，责怪他们辜负了他的领导。

从参战至1941年冬，意大利军队在巴尔干地区和非洲战场上遭到了一连串失败。从此，一向颇为自负的墨索里尼不得不开始在战略上完全从属于希特勒。

然而，随着意大利越来越依赖纳粹德国的帮助，墨索里尼对希特勒的愤恨心理却变得越明显。他常说，希特勒外表丑陋，丝毫没有一个独裁者应该具有的果断作风和军人举止，弄得其他独裁者脸上也不光彩，使他们这帮"杰出的超人"在人们心目中减色不少。

第二次世界大战主要元凶

不计后果
出兵入侵希腊

1940年10月15日早晨，墨索里尼在威尼斯宫秘密召开了一次意大利军事首脑会议。他在会上口若悬河，指着一张大型军用地图，大讲希腊地位的重要和它对法西斯意大利的使用价值。

墨索里尼对这一次战役的目的、意图作了阐明之后，又对开战的日期和要求做了进一步的部署。

"决定于本月26日行动，"他斩钉截铁地说，"我的意见是一个钟头也不能拖延。早在我们参战之前，早在冲突开始之前，我经过了几个月的深思熟虑，现在已经把这一行动考虑成熟了。"

10月22日，墨索里尼重新决定在10月28日对希腊进行突袭。他在同一天写信给希特勒，却故意把这封信的日期写在10月19日，暗示他打算采取的行动，但是对这个行动的确切性质和日期则含糊其辞。

齐亚诺在那一天的日记中写道：墨索里尼担心"元首"可能命令他住手。希特勒和里宾特洛甫在法国会谈回来各乘专车回国的时候，风闻墨索里尼出击希腊的计划，纳粹外长奉"元首"的命令，在进入德国以后的第一个车站就停下来，打电话给在罗马的齐亚诺，主张立即召开轴心国领导人会议。

墨索里尼建议10月28日在佛罗伦萨开会，当他的德国客人在那一天上午从火车上走下来的时候，墨索里尼兴高采烈地欢迎他："元首，我们在进军！胜利的意大利军队已经在今天黎明越过希腊—阿尔巴尼亚边界了！"

10月28日拂晓前，意大利驻雅典公使把最后通牒送交希腊首相梅塔克萨

斯将军。墨索里尼要求对意大利军队开放希腊全境。

同时，意大利驻扎在阿尔巴尼亚的军队也从数处进犯希腊。希腊军队在边境上绝不是没有准备的，所以希腊政府便拒绝了意大利的最后通牒。

从此，一场残酷的侵略战争就在希腊的国土爆发了。在纳布巴克多斯港，希腊的驱逐舰和潜水艇不时地遭到意大利空军的轰炸；在地中海，希腊的各种船只亦屡遭意大利潜水艇的暗算；甚至在第诺斯港口停泊中的一艘希腊巡洋舰，也突然地遭到意大利鱼雷的攻击。所幸，舰上大部分的人员都到了岸上的教堂参加圣母升天的大祭典，否则不知要有多少人员丧生！

其实，在入侵之前，墨索里尼曾接到严正的警告说，意大利军队对希腊的进攻，必将遭到坚决的抵抗。

但是，墨索里尼无视这一点，认为希腊的抵抗不至于太激烈，而且也不至于拖得太久。当时，驻屯于阿尔巴尼亚的意大利军司令官维斯孔蒂·普拉斯卡将军、副总督法兰吉斯格·雅科莫尼将军以及外交部长齐亚诺，都曾积极地撺掇墨索里尼早日进军希腊，以便给希特勒一个下马威。

当时在罗马曾有这样的流言，说齐亚诺及雅科莫尼所以极力主张进攻希腊，与其说是为了阻止德国在巴尔干的势力，不如说是为了扩张法西斯意大利在巴尔干的势力。

那时，意大利的陆、海、空三军的参谋长们却持另一种态度。他们都恐惧地劝告墨索里尼说，现在的季节已经交秋，实施山岳作战有诸多困难。

然而，墨索里尼仍旧我行我素。

即使对于能够信赖的谍报部，由于他们不断以数字显示预想的希腊军的抵抗，并主张意大利军队步步警戒、缓慢前进，也使墨索里尼觉得他们过度的悲观，因此屡次给予非难。

陆军总参谋长巴多格里奥元帅曾多次叮咛齐亚诺，务必使墨索里尼打消入侵希腊的念头，他说："单靠现在驻扎在阿尔巴尼亚的军队是不够的，同时布列贝萨又属于浅滩，海军是无法登陆的。万一我们的进攻不能一时获胜，那么战争势将延长下去，意大利已感到匮乏的资源将荡然无存。如果我

的忠告仍是过耳东风、意大利仍不放弃攻击希腊的话，我只有辞职一途。"

原先，格拉齐亚尼元帅在埃及的胆小畏缩，已使墨索里尼寝食不安了。现在巴多格里奥又以辞职要挟，使他"七窍生烟"，怒不可遏。

墨索里尼声色俱厉地说："我将亲赴希腊，瞧瞧惧怕希腊人的我军丢人的嘴脸！"

当时如果巴多格里奥提出了辞职，在盛怒之下，墨索里尼一定会毫不考虑地予以批准的。事实上，巴多格里奥不仅没提出辞职，而且根本不再对墨索里尼进言，以使他对侵略希腊一事三思而后行。

对此，墨索里尼如同往日所做的一样，无视所有的反对意见，贸然地发动了这场罪恶的、丢脸的战争。

1940年10月29日，也就是墨索里尼向希腊发动全面进攻的第二天，丘吉尔给在苏丹喀土穆的英国陆军大臣艾登发了一封急电，电报说："看来，最重要的是在苏达湾占有最好的飞机场和供应海军燃料的基地。成功地保卫克里特岛，对保卫埃及有莫大的帮助。克里特岛如丧失于意大利，将大大增加地中海的一切困难。这样大的战利品值得冒险，而且其价值几乎相当于在利比亚进行一次成功的攻势作战。同韦维尔和史末资将军全面研究这一问题后，务请毫不犹豫地提出大规模行动的建议，即使影响其他战区也在所不惜。"

就这样，应希腊政府的请求，克里特岛最良好的港口苏达湾，于两天之后被英军占领了。

11月2日，丘吉尔电告英国空军参谋长，令他速派4个轰炸机中队取道马耳他岛飞往克里特岛或希腊。人员和地勤物资则由巡洋舰运送。务必尽早使这些空军中队从希腊领土的基地出动，袭击墨索里尼在塔兰托的舰队，并且普遍地骚扰意大利南部。

11月3日，丘吉尔又电告艾登和中东司令部，向他们进一步阐明援助希腊的重要意义。

他说："如果我们坐视希腊崩溃，不助一臂之力，这将对土耳其和战争

的未来产生致命的影响，德国军队还没有出现在那里。必须使建立于克里特岛的燃料基地和飞机场逐步发展为永久性的作战要塞。

"如果我们在埃及按兵不动，兵力还日益增添，而对希腊的局势以及取决于它的一切弃而不顾，那是不会有人感激我们的。丧失雅典，其危害性远远超过丧失肯尼亚和喀土穆，我们并不需要付出这样的代价。"

但是，墨索里尼的舰队对英军占领克里特岛并没有什么特别反应。而英国海军上将坎宁安，早就急欲利用他目前已经大为加强的舰队飞机，袭击停泊于塔兰托的主要基地的意大利舰队。

这次袭击是在11月11日发动的，英军事前进行了一系列妥善配合的军事行动：部队到达了马耳他；另一批增援的舰只，其中包括"巴勒姆号"

海上战舰

战舰、2艘巡洋舰和3艘驱逐舰，开到亚历山大港；最后，作为高潮，发动袭击。

塔兰托位于意大利的靴形半岛的后跟，与马耳他相距320千米。它的宽阔的港口层层设防，足以抵御所有现代化武器的攻击。英国有几架快速侦察机到了马耳他，因此能辨识他们所要袭击的目标。

英国的计划是从"光辉号"出动两批飞机，第一批12架，第二批9架，其中有11架携带鱼雷，其余的或携带炸弹，或携带照明弹。夜幕降临不久，"光辉号"就从距塔兰托170千米左右的海域派出了飞机。

在意大利舰队一片火光和毁灭声中，战斗激烈地进行了1个小时。尽管高射炮火炽烈，但英国飞机只有2架被击落，其余的都安全返回"光辉号"。

就打了这么一仗，便使地中海海军力量的对比顿时改观。空中拍摄的照片证明，意大利有3艘战舰、1艘巡洋舰被击中，而且造船厂也遭到了严重的破坏。

从此，墨索里尼的战舰至少有一半在6个月内不能恢复战斗力。恰好在这一天，意大利空军奉"领袖"之命，竟参加了对大不列颠的空袭，结果在途中有13架意大利战斗机被击落，从而为英国空军袭击塔兰托一事增添了一点含有讽刺意味的色彩。

意军取道阿尔巴尼亚入侵希腊，使墨索里尼又遭受一次重大的挫折。首次进攻的部队被击退，损失重大，而且希腊立即发动了反攻。

在北部马其顿战区，希腊军队攻入阿尔巴尼亚，于11月22日进占科尔察。在平都斯山脉北部的中心战区，意大利的一个山地师全军覆没。

在沿海地区，意军刚一开始时长驱直入，但又匆忙从卡拉马斯河撤退。在帕戈斯将军统率下，希腊军队在山地战中显示了高超的战术，他们出奇制胜，从两翼包抄意军。

至年末，他们英勇善战的结果，是迫使意军沿整个战线从阿尔巴尼亚边境后撤了30千米。

战争刚开始时，希腊的总兵力仅有15个师团，而其中的12个师团是在意

军入侵之后才接到动员命令。

11月1日，在希腊共产党和人民的强烈要求下，希腊政府遂下令反击。经过一周激战，意大利法西斯侵略军被赶回阿尔巴尼亚领土。在埃皮鲁斯地区，主动权也转入希军手中。

11月7日，意军最高统帅部下令停止进攻。但墨索里尼一心梦想征服希腊，于是又调兵遣将，在集结大量的侵略部队之后，又于1941年1月和3月发动两次大规模攻势，但都被英勇的希腊军队所击退。

希腊军队虽然在数量和装备上劣于意军，但他们在爱国主义精神的鼓舞下，英勇顽强，连续出击，不仅占领了阿尔巴尼亚境内的毕索德里，同时还包围了墨索里尼精锐的阿尔卑斯"朱利亚"师团，造成了意军死伤20000人，以及被俘5000人的巨大损失。

被希腊军的勇猛吓坏了的墨索里尼恼羞成怒，他对怯懦无能的维斯孔蒂和雅科莫尼两个败将，辱骂不已。最后，维斯孔蒂被免掉了总司令官的职务，由威巴德·索杜接任。但后者也和他的前任一样，只有被动挨打，无力扭转战局。

面对着连连败阵，墨索里尼怨天尤人，哀叹不已。

依附德国
进退两难

1940年12月4日，心情烦躁的墨索里尼把齐亚诺召进威尼斯宫，沮丧地说："别无他途，看来我们不得不通过希特勒要求停战了。"

"这是不可能的，希腊将以要求元首亲自担保他们不再受到侵犯为先决条件。"这个"驸马"外长气呼呼地说，"我宁愿让子弹打穿脑袋，也不愿给里宾特洛甫打电话！"

齐亚诺力主打下去，他说："尚未全面崩溃之前，仍有可能在发罗拉设置桥头堡，并以新的兵力在斯库姆维尼河岸建立一道安全防线。现在，要紧的是顶住，坚守阿尔巴尼亚。时间会带来胜利，如果我们放弃，那就一切都完了。"

墨索里尼听了他的劝告，忽然又打起了精神，决定继续增派军力，调整前线指挥人员，重新发起进攻。但是，所有这些措施，仍未给他带来令人鼓舞的消息。

希特勒想到墨索里尼对希腊的"轻举妄动"，心里就气，认为这是一次不可挽回的大失败。他在给墨索里尼的信里，严厉指责了意大利的失败所带来的严重后果。

希特勒最后说："这次行动对在埃及即将进行的沙漠作战也产生了严重影响。看形势，这场攻势必得延长到来年举行了。虽然我们很不愿意，但到了来年，势必得派遣军队到希腊帮你收拾残局。"

墨索里尼在反复读过希特勒的书信之后，对齐亚诺痛苦地说："希特勒又在责怪我们了，简直把我搞得不知所措了。"然而，他却把失败的责任完

全推卸给他的部下以及意大利士兵。事后，前法西斯党书记斯达拉杰将军也帮腔说："意大利军队只要稍动一下干戈就一败涂地了。"

由于前线接连失利，这一阵子墨索里尼的情绪很坏。他时常发牢骚说："我的时运多么不济啊，使唤的人尽是一些没有价值的窝囊废。大凡每一个人，一生都有一次致命的失败，我是由于过度信赖维斯孔蒂·普拉斯卡将军，以致弄到这种狼狈的境地。"

墨索里尼决意非难陆军参谋总长巴多格里奥元帅，骂他是"背叛者""政权之敌"，借此把他搞掉。这是由于文化部长帕沃利尼的一次谈话引起的。

这个部长把他与巴多格里奥交谈的内容，一五一十地报告给了墨索里尼。巴多格里奥如此说："雅科莫尼和维斯孔蒂，固然要负起希腊问题的大部分责任。不过，必须被非难的另有其人，那就是墨索里尼的统帅。墨索里尼不曾掌握过指挥权。既然他把所有的事情都推给我们，我们却无法使他如意，在这种情形之下，他只好处罚担当责任的人了。"

听了这些话之后，墨索里尼勃然大怒，驱逐"叛逆者"的心日益迫切，终于接受了巴多格里奥的"辞呈"。

这个法西斯独裁者在起草的急件上说："巴多格里奥因健康和年龄提出辞职。"

齐亚诺说："这与巴多格里奥的情况不合，但墨索里尼坚持己见，他想用这种防患于未然的办法取消那个无赖的老疯子德·邦诺将军的候选资格。巴多格里奥退休后，不是住在他自己的寓所里，而是住在米兰附近他朋友内基的别墅里。"

墨索里尼任命古佐尼当作战部长兼副总参谋长。那一段时间，阿尔巴尼亚前线仍然吃紧，希腊的压力继续增加，最要紧的是意军的抵抗日益无力。若希腊人有足够力量突破意军防线，前景将更加险恶。

意大利军民人心惶惶，对前方战局十分担心。为了稳定民心，墨索里尼特意召开内阁紧急会议，详细介绍形势。会上，"领袖"宣读了一些文件。

他本人对政治决定承担了责任，并就军事行动狠狠地批评了巴多格里奥。这个独裁者的论点是：当初巴多格里奥不仅表示同意，而且简直是热情过分。面对今天的败局，墨索里尼主张立即撤退，而且希军仍在波格拉德茨地区继续进攻。

"局势严重，"墨索里尼说，"甚至可能成为悲剧性的。"

会后，墨索里尼即召见卡瓦莱罗将军，这表明了他的意图。卡瓦莱罗是个"乐天派"，他不相信在阿尔巴尼亚会遭到失败，并对意大利有能力再举进攻信心十足。墨索里尼对他的观点很欣赏，当即任命他为总参谋长，代替

希特勒会晤墨索里尼

巴多格里奥。

12月上旬，希腊军再度突入意军阵地的消息经前线指挥部传到罗马，墨索里尼甚为惊恐。齐亚诺说，从未看见过他如此落魄的样子。

当时，恰好回到罗马的意驻德大使阿尔菲耶里也确认了这一事实，并补充说："我未曾看到过他那种颓丧的样子。他的面孔呈青白色，不断地痉挛，表现得很悲哀，但却又故意装出一副沉着的样子。他几乎是神经质地用右手抚摩他的下巴，同时好像求人支持他的想法，老是把脸朝向我和齐亚诺。"

不久之后，墨索里尼又认为事态尚可挽救。于是把卡瓦莱罗遣往前线，命令他及时向"领袖"汇报战况。索杜将军接连不断地把一些令人伤脑筋的电报打来，但卡瓦莱罗基于他"乐天派"的性格，认为事态"仍很平静"。

墨索里尼听取这种报喜不报忧的战报后，认为只有卡瓦莱罗才能扭转战局，遂令这个新任的参谋总长直接掌握指挥之权。

不过，新更替的总指挥官依然如故，对于事态已经恶化了的驻阿尔巴尼亚的意大利军仍然"爱莫能助"。面对着节节败退的战局，墨索里尼恼羞成怒。

他命令卡瓦莱罗，一定要拼死顽抗，严守阵地，他说："这是祖国的命令！"他不时地对身边一些心腹们发牢骚说："如今我手下的一些将领都是饭桶！不是窝囊废，就是江湖骗子，没有一个人能为我扭转战局，这怎能让我相信他们？！"

开战以来，墨索里尼深深感到整个机器运转不灵，有些问题积重难返。军队与军队之间，军队与政府之间，甚至内阁成员之间，互相扯皮，不是协作，而是拆台，实在不能适应当今的战争形势。

为了改变这种颓废的官僚习气，墨索里尼决定走出威尼斯，直接与官员们一道工作，让部长们都离开首都，到前线去体验生活，齐亚诺外长首先报名到空军去服务。

这一决定，在政府高级官员的圈子中，引起了普遍的不满。有的部长竟

说这是一个"真正的由领袖发动的政变，以便摆脱法西斯主义，而把他的依靠寄托在别的政治潮流上"。

齐亚诺将离开罗马参加在巴里的空军大队。

齐亚诺和家人暂时离别，感到依依不舍。但使他更加忧虑的是当前的形势，这个年轻的意大利法西斯外长说："所有被迫参加志愿队的同志都有这种感受。许多同志并不掩饰他们的心情。"

前线的接连失利，严重动摇了民众的士气。人民群众反对法西斯对外进行侵略战争，国内形势变得严峻起来。"要进行一次大的洗涤，"墨索里尼对齐亚诺说，"要干透，至少需要一个星期。"

这就是说，墨索里尼至少要用一周多的时间进行大清洗了。他审阅了"在最近几周内因在为人和职业方面缺乏价值而被撤换的将军和上校的名单"。他由此作出对军队及其人事所进行的严格鉴定。接着，他在法西斯中央执委会议上提出一项议事日程，得到一致通过。

按照墨索里尼的指示，新任总参谋长卡瓦莱罗确定在阿尔巴尼亚前线马上发动进攻。这次进攻，即便是局部的，或很有限度的，但对日益丧失人心的意大利法西斯来说，却具有鼓舞士气的作用。

不久，在希特勒的命令下，墨索里尼前后抽调了43个意大利师在巴尔干各地和德国纳粹军队协同作战。

德军首先进攻南斯拉夫。贝尔格莱德几乎被夷为平地。戈林的轰炸机在这个小小的首都掠过房顶，低飞肆虐，炸死17000平民，炸伤的人更多，使该市成为硝烟弥漫的一堆瓦砾。

南斯拉夫陆军参谋总部，由于缺乏精神准备，没有认真地动员他们的军队，被打垮了。

1941年4月13日，德国军队和匈牙利军队开进了残破的贝尔格莱德。

17日，南斯拉夫陆军的残余部队在萨腊耶伏投降，国王和首相乘飞机逃到了希腊。但是，南斯拉夫人民在共产党领导下继续坚持斗争。

在6个月的战斗中，曾使意大利人丢脸的希腊人无法抵挡由15个师组成

117

的纳粹第十二军团。英国急忙从利比亚派遣了大约4个师共53000人，开往希腊。

但是，他们像希腊人一样，被德国的装甲部队和空军的猛烈轰炸打得一败涂地。北部的希腊军队在4月23日向德国投降，并且也硬着头皮向意大利投降了。

4天后，纳粹的坦克隆隆地开入雅典。至4月底，在3周内，除克里特岛之外，希腊都被占领了。

墨索里尼在整个冬天遭到惨败的地方，希特勒在春天的几天之内就取得了成功。虽然墨索里尼因摆脱了困境而感到宽慰，但是他丢了脸，因为全靠德国人才使他摆脱困境的。希特勒现在开始瓜分南斯拉夫了，而墨索里尼得到的一份是失望的。

争夺克里特
付出惨重代价

虽说雅典城里挂起了白旗，希特勒和墨索里尼用武力占领了希腊大陆，但是在爱琴海和克里特岛，战争仍在激烈地进行着。战斗的双方不仅动用了大批陆军，而且出动了现代化的空军和海军。

在克里特岛上，进行着海、陆、空的立体战，演出了希腊战役史上最壮烈、最紧张的一幕。

早在1941年3月底的时候，同盟国方面就已明显地看出，墨索里尼的舰队即将向爱琴海大规模出动。

英国坎宁安海军上将决定暂时让他的运输船队避开，而他自己则于3月27日薄暮乘"沃斯派特号"，并率同"英勇号"与"巴勒姆号"、航空母舰"可畏号"和驱逐舰9艘驶离亚历山大港。

28日黎明，从"可畏号"航空母舰起飞的一架飞机报告说，意大利巡洋舰4艘和驱逐舰6艘正向东南方驶去。在墨索里尼这支舰队中，有3艘装有8英寸口径大炮的巡洋舰，而所有英国的巡洋舰装的是6英寸口径的大炮。

但是，经半个小时不分胜负的战斗后，意舰退去，英国巡洋舰尾追不舍。

两小时后，又发现意大利的一艘战列舰"维多利奥·威尼托号"。从"可畏号"航空母舰上起飞的一队战斗机袭击了这艘意大利战列舰，该舰受创后不敢恋战，立即向西北退去。晚间，英舰又发动第三次袭击，击中意大利重巡洋舰"波拉号"，该舰退出战斗序列，停泊下来。

入夜，坎宁安海军上将决定让驱逐舰出击，并甘冒用主力舰队进行夜战

119

的危险，以求击毁受伤的意大利战列舰和巡洋舰，不让它们驶入从本国海岸基地起飞的飞机的掩护范围以内。

在黑暗中行驶时，英军出其不意地向两艘意大利巡洋舰发动了袭击，这是增援"波拉号"的"阜姆号"和"扎拉号"，它们都装有8英寸口径的大炮。在近距离内，"阜姆号"立即被"沃斯派特号"和"英勇号"舰上15英寸口径大炮偏舷齐射的炮火所压倒，并被击沉。

"扎拉号"受到英3艘战列舰的围攻，旋即在熊熊的大火中烧毁。经过这次战斗，墨索里尼不敢再轻易向英国在东地中海的制海权挑战了。

在这次海战之前，同盟国的陆军就已陆续抵达希腊进行支援。按照登船的次序来说，开往希腊的派遣军包括英国第一装甲师、新西兰旅和第六澳大利亚师。这些部队都是用中东其他部队的武器充分装备起来的。

接着开往希腊的是波兰旅和第七澳大利亚师。部队从3月5日起开始行动。

计划要据守自阿利阿克蒙河口起，经佛里亚和埃德萨直达南斯拉夫边境的阿利阿克蒙防线。同盟军将与部署在这条战线上的希腊军协同作战。

当时大部分希腊军队，约计15个师，正在阿尔巴尼亚，同他们没有能够攻克的培拉特和发罗拉处在对峙中。他们击退了墨索里尼于3月9日发动的一次攻势。

其余的希腊军队，计有3个师与边防军则在马其顿，帕普哥斯将军不肯把它们撤回。因此，德军一进攻，便被击溃了。

随后开去的希腊第十九摩托化师也被歼灭或打散了。

英国驻在希腊的空军，在3月间只有7个中队80架作战飞机，而且由于缺乏降落场地以及信号联络欠佳，行动大受影响。虽然在4月间派去了少数增援飞机，英国空军在数目上还是远远不及德意军。

其中的两个中队在阿尔巴尼亚前线作战，其余的5个中队，在由埃及调来从事夜战的两个"惠灵顿式"轰炸机中队的支援下，必须应付所有其他的作战需要。而同它们相对阵的是一支拥有800余架作战飞机的德意空军。

4月6日凌晨，希特勒和墨索里尼联合进攻希腊和南斯拉夫，同时对比雷埃夫斯港发动了猛烈的空袭。

英派遣军的运输船队正在该港卸货。停泊在该港码头的英国船"弗雷泽氏族号"上载有烈性炸药200吨，这只船发生爆炸，几乎完全毁坏了这个港口。单单这次空袭，就使英国和希腊损失船舶11艘，共计43000吨。

从此以后，同盟军便在规模越来越大的空袭下继续从海路维持军队的给养，而对于德意的空袭竟没有采取有效的对策。

海上问题的关键在于控制墨索里尼在罗得岛的空军基地，但是当时盟军抽调不出充足的兵力来执行这一任务。幸好马塔潘角海面战役已给了意大利舰队一个教训，使它们在年内不敢轻举妄动。

在这一时期，如果墨索里尼的海军积极参与战斗，英国海军根本无法在希腊执行任务。

4月17日，南斯拉夫的投降使希腊人的希望顿成泡影，丘吉尔所力促采取的联合行动失败了，当时的局势险恶至极。其后的几天是具有决定性的日子。

继梅塔克萨斯逝世而任希腊首相的科里西斯，自感无力挽救祖国于危亡，同匈牙利的总理泰来基伯爵一样，他决心以死自赎，在18日自杀。

这样一来，局面更加混乱。

向德摩比勒退却，是一次很困难的军事行动，因为法西斯军队已封锁了坦波谷、奥林匹斯山口以及其他地点，而同盟国所有的部队必须通过狭窄瓶口的拉里萨。为了保证这一任务的完成，第五新西兰旅和澳大利亚旅，在这里坚守了3天。他们进行了顽强的战斗，做出了重大的牺牲，终于保证了后撤任务的完成。

4月24日，希腊政府在德、意压倒攻势威逼下投降了。

现在英国军队又面临另一次在1940年曾遇到过的海上撤退。在这种情况下，从希腊有组织地撤退50000余人，看来简直是不可能的。

但是，在普里德姆·威佩尔海军中将和贝利·格罗曼海军少将会同陆军

司令部的指挥下，英国海军又出色地完成了这一艰巨的任务。

在敦刻尔克战役中，制空权总的来说，是掌握在英国人手里的，而在希腊，却是德国人完全地、绝对地控制着天空，他们可以对港口和撤退中的军队进行几乎连续不断的袭击。军队显然只能在夜间登船，而且在白天，军队在海滩附近必须避免被德机发现。

丘吉尔说，这是挪威纳姆索斯一幕的重演，但其规模则大了10倍。

撤退工作连续进行了5夜，一共安全救出50000多人，其中包括英国皇家空军人员和数千名塞浦路斯人、巴勒斯坦人、希腊人和南斯拉夫人。这个数字约相当于原来派往希腊部队人数的80％。

这些成果应完全归功于英国和其他同盟国的商船队海员们的果敢精神和精湛的技巧。他们面对德军猛烈的炮火，英勇顽强，毫不畏缩。

从4月21日到撤退结束时止，他们在德军的空袭中，丧失船舶26艘。其中有21艘是希腊的船只，并且包括5艘医疗救护船。其余的是英国与荷兰的船只。

英国空军配合从克里特岛出动的一支海军航空队，力图减轻撤退的困难，但因德机占压倒优势，无能为力。虽然如此，从10月起就被派往希腊的为数极少的空军中队却战绩卓著。他们击毁德机231架，虽然自己也损失飞机209架，但他们是顽强战斗的。

希腊人民虽然遭到了失败，但他们是英勇不屈的。在4月间，他们在双方实力悬殊下进行的3个星期的战斗，是他们对意大利法西斯军队进行5个月的苦战中最艰苦的一段，而他们在对意作战中几乎已经耗尽了自己的有生力量。

10月间，他们突然受到兵力至少超过自己一倍的德意军进攻，他们最初击退意大利侵略者，随后又在反攻中追击德意军40千米，把德意军赶回阿尔巴尼亚境内。

整个严冬，他们在山区同人数较多、装备较好的德意军短兵相接。驻守在西北部的希腊军队，既没有运输工具，又没有公路，无法进行快速行军，

以便在最后的时刻对抗德军从其侧翼和后方发动的强大的新攻势。

在希腊战役的重心转至克里特岛时，英国首相丘吉尔发表了一篇广播演说，他勉励人民切忌悲观失望、惊慌失措，而要英勇顽强，继续进行斗争。

希特勒和墨索里尼征服希腊后，克里特岛便成为希腊国王和政府最后的立足之地，以及各兵种部队的重要收容所。

德、意法西斯正在虎视眈眈地盯着这个岛屿。对于盟国说来，它是埃及和马耳他岛的一个重要的前哨据点；对于墨索里尼和希特勒来说，它是扎在他们喉咙中的一根骨刺。因此，保卫和夺取克里特岛的斗争，就成为双方在东地中海斗争的焦点。

丘吉尔早就知道，戈林一直在努力建立和发展一支能够进行大规模着陆的强大空降部队。

德国伞兵师是一支精锐部队，英国在研究如何防御德国进犯本土问题时，曾考虑过它的作用。但是，德国的所有这类计划至少需要暂时取得日间的制空权。

德国在不列颠的上空没有得到这种制空权。克里特岛的情形却不同了。德意在巴尔干和爱琴海享有充分的而且看来是持久的空中优势，尤其是墨索里尼所控制的罗得岛要塞，对守卫克里特岛造成了严重的威胁。

1941年4月28日，英国情报机关获悉，德、意即将从海上和空中进攻克里特岛。他们认为，德意同时以空运和海运部队进攻该岛的行动已箭在弦上。

法西斯在巴尔干各国，可能凑集到315架远程轰炸机、60架双引擎战斗机、240架俯冲轰炸机和270架单引擎战斗机，以供各种用途；德意在第一次袭击时，可能投下伞兵或空降部队三四千名，而且可能每日从希腊进行两三次突击，从罗得岛进行三四次突击，都以战斗机掩护。

在空运和海运部队到达之前将有猛烈的轰炸，而且要进行海上袭击。

丘吉尔立即将上述情况电告英国中东总司令韦维尔将军，要他加强战备，坚守该岛，准备大量消灭德意的伞兵部队，并建议英国参谋总部任命弗

123

赖伯格将军为克里特岛驻军司令。

伯纳德·弗赖伯格同丘吉尔结识多年，在第一次世界大战时，他以新西兰青年志愿兵的身份历经艰辛，辗转来到英国。

当时任海军部长的丘吉尔任命他为"胡德"营中的一名海军中尉。

在战争期间，他屡建战功，因此在前线作战的4年中，被提升为旅长，并于1918年德军发动夏季攻势的紧急关头，被任命为所有据守巴叶尔正面缺口部队的司令官，部队人数几达一个军。

维多利亚十字勋章和带有两条金线的殊勋勋章，以及他身上的30处伤疤，标志着他出类拔萃的功勋。

克里特岛的地理形势的确使防御甚为困难。它唯一的一条公路在北海岸。一旦这条公路被切断，盟军就不能把后备军随时调往遭受威胁的据点。

从南岸到北岸，只是在斯法基亚和延巴基有从南部海岸向北的一些小路，它们不适宜摩托化运输车辆的行驶。当有关军事领导人开始感到危机临头时，才百般设法向该岛运送增援部队、给养和武器，特别是大炮，但为时晚矣。

在5月的第二个星期中，德国和意大利的空军，从希腊及爱琴海的基地起飞，对克里特岛有效地实行了日间封锁。它们袭击来往该岛的一切船只，特别是对唯一设有港口的北岸封锁得尤其严密。

在5月的头3个星期中，运往克里特岛的重要武器有27000吨，到达该岛的还不到3000吨，其余的物资不是被迫转回，就是损失在途中。参加守卫克里特岛的力量非常薄弱，来自各方面的军队总共只有28600人。

德国参加进击克里特岛的有第十一空军军团，大约有16000人将空投着陆，另有7000人从海上登陆。此外，还有第八空军军团提供空中支援。

可以参加作战的飞机数目是：轰炸机280架、俯冲轰炸机150架、战斗机180架、侦察机40架、滑翔机100架、"容克-52"式运输机530架，共计1280架。

法西斯空降部队的进攻，计划在3个区域进行：东部在伊腊克林，中部在

雷西姆农、苏达、干尼亚，最重要的是在西部的马利姆。在发动进攻前，纳粹重型轰炸机，首先用重达1000磅的炸弹，对地面及防空设施集中轰炸一小时。

接着，乘滑翔机或用降落伞着陆的主力部队从天而降。再接着，就是用运输机载运的增援部队。在他们的整个作战计划中，关键的一着就是把马利姆机场夺到手。

这不但是为了飞机的着陆，而且也是为了飞机的再度起飞。他们只有借助于多次往返飞行，才能够运来作为他们整个计划基础的大量军队。

从作战时的多方面情况来看，克里特岛战役这是一场前所未有的战斗。

在战争史上，这是第一次使用大规模空降部队的进攻。

德国为了进行这一次战役，倾注了可能调动的全部兵力。

战斗于5月20日晨开始。

在一小时之内，德机对马利姆机场周围的据点进行最猛烈的轰炸和机枪扫射，其猛烈程度前所未见。几乎在刹那之间，盟军大部分的高射炮便失去了作用。

在轰炸停止之前，滑翔机就开始在马利姆飞机场的西面着陆。上午8时，德机从300米到100米的上空向马利姆和干尼亚之间的地区投下大批伞兵。德机川流不息地飞来飞去，在上午投下一个团，共4营人。

下午又投下一个团，完全不顾人员的伤亡和飞机的损失。法西斯的滑翔机或军队运输机，在海滩上、在丛林中或在烈火熊熊的飞机场上着陆或撞毁。

第一天，在马利姆和干尼亚之间及其附近着陆的德国伞兵共计5000多名。他们在新西兰军队的炮火下和殊死的肉搏战中损失惨重。在盟军防区内，几乎所有着陆的德国伞兵都已死亡，多半是被击毙的。当日入夜之前，守军仍然保有飞机场。

这天早晨，德机大举空袭雷西姆农和伊腊克林，接着便在两地分别投下2个营和4个营。激烈的战斗立即展开。但是，到傍晚时分，盟军依然坚守着那

2个飞机场。

在雷西姆农和伊腊克林依然有较小的空降部队着陆，战斗激烈，德军伤亡惨重。因此，第一天的战果，除了马利姆以外，是相当可观的。

下面是5月20日晚上10时守军司令弗赖伯格将军向韦维尔将军的报告。

德军空降兵受到新西兰军队袭击（油画）

今天竟日苦战。我军受到极大压力。我相信，我们至今还据守着雷西姆农、伊腊克林与马利姆的飞机场和两座港口。

守住这些地方的希望甚微，如果我把情况说得很乐观，那就错了。战斗激烈，我们击毙了大批德军。交通极端困难，对干尼亚的空袭非常厉害。此间，每一个人都认识到这是生死存亡的一仗，我们将战斗到底。

5月21日，德军继续进攻，军队运输机又出现于该岛上空。马利姆飞机场虽仍处于英军大炮和迫击炮密集的炮火下，德军运兵飞机却继续在飞机场及其东面高低不平的地面上着陆。德国最高统帅部似乎不计损失，在这一区域内，至少有100架飞机撞毁在地面上。

虽然如此，飞机还是不断地飞来。到了第三天，德军已经有效地利用了马利姆飞机场。运兵飞机继续飞来，每小时达20余架次。

更起决定作用的是，这时德机已能够飞回去继续载运援军了。据英军司令部估计，在这几天及其以后的几天内，共有600多架运兵飞机在这个机场上成功地着陆或撞毁。

在5月20日的初攻过去以后，德国最高统帅部下令停止进攻雷西姆农和伊腊克林，而集中主要兵力进攻苏达湾地

129

区。

在英国海军少将罗林斯指挥下的一支威力强大的舰队，包括战舰"沃斯派特号"和"英勇号"，由8艘驱逐舰掩护，部署在克里特岛的西面，以便监视预料中的墨索里尼的舰队参战。

21日，英舰竟日遭受猛烈空袭。驱逐舰"朱诺号"被击中，两分钟后沉没，死伤惨重。巡洋舰"阿贾克斯号"和"猎户座号"也受创，但仍继续作战。

夜间11时30分，英海军少将格伦尼率领巡洋舰"代多号""猎户座号""阿贾克斯号"，以及驱逐舰4艘，在干尼亚以北18千米的海域截住了德国运兵船队，激战两个半小时，击沉满载德军的轻帆船不下12只和轮船3艘。据估计，当夜溺毙的德军达4000人。

英国海军在保卫克里特岛的战斗中，英勇顽强，敢打敢拼，发挥了重要作用。

5月22日和23日，是英国海军损失惨重的日子。计有2艘巡洋舰、3艘驱逐舰被击沉，战列舰"沃斯派特号"长期不能使用，此外还有"英勇号"及许多其他舰只受到重创。虽然如此，克里特岛的海防仍很巩固。在克里特岛战役结束之前，没有一个德国人从海上登陆该岛。

但是，由于众寡悬殊，守军的形势越来越困难。26日深夜，英国中东军总司令韦维尔收到了克里特岛总指挥弗赖伯格将军发来的情况严重的消息。

弗赖伯格说：

我很痛心，不得不向你报告！我认为在我的指挥下，防守苏达湾的部队已经到了人力所能忍受的极限了。无论各位总司令根据军事观点作出怎样的决定，我们这里的阵地是守不下去了。

像我们这样一支装备不良而又缺乏机动性的人数不多的部队，是抵挡不了我们在过去7天中所遇到的集中轰炸的。

我觉得应该告诉你，从后勤观点来看，要全部撤出这支部队

有着不可克服的困难。如果立刻作出决定，其中的一部分还可以登船。

这一战区一旦被攻陷，敌人用同样的方法拿下雷西姆农和伊腊克林将不过是时间问题。除了威尔士团和突击队外，所有我们的军队都已经不能采取任何攻势。

如果你从整个中东局势考虑，认为争取时间是有用的，那么，我们当继续坚持。我却不得不考虑怎样才能最有效地达到争取时间的目的。苏达湾可能在24小时之内处于敌军炮火之下。又有新的严重的伤亡，我们固定的大炮多半已经丧失了。

丘吉尔看到从中东总司令部转来的弗赖伯格的电报后，于5月27日立即回电予以鼓励："你所进行的光荣的保卫战受到各地人们的敬佩。我们知道敌人已处于困境。我们正尽一切可能向你提供各种援助。"

但是，当夜这位首相获悉，一切成功的希望都已破灭了。英军和其他盟国的部队，不得不再次面临惨痛的撤退守军的任务以及所必然蒙受的重大损失。

在希特勒和墨索里尼的空军和海军的严密封锁下，要将22000名战斗人员从克里特岛运出的确是一大难题。不仅运输船队难以登陆，而且还必须驶过墨索里尼的空军所控制的350海里的海域。

登陆地点斯法基亚，是南部海岸一个小小的渔村，位于高达500英尺的峭壁之下，只有一条羊肠小道可以通行。部队必须隐匿在峭壁边缘附近，等到召唤时再出来登船。

在阿利斯海军上校指挥下的4艘驱逐舰于5月28日夜间抵达，载去700人，并为现已集合起来的大批官兵带来食物。

在返航中有战斗机掩护，因此只有1艘驱逐舰受到轻伤。至少还有15000人隐藏在斯法基亚附近高低不平的地面上。

但是，一场惨剧正在等待着另一支同时出动的舰队。这支舰队包括巡洋

舰"猎户座号""阿贾克斯号""代多号",以及6艘驱逐舰,在罗林斯海军上将指挥下前往营救伊腊克林的守军。

从早上5时直至薄暮,从斯卡潘托岛起飞的德机不断地猛烈袭击该舰队。巡洋舰"阿贾克斯号"和驱逐舰"帝国号"几乎被击中,前者不得不驶回,驱逐舰于午夜以前驶抵伊腊克林,把军队载运到等候在外海的巡洋舰上。

至早晨3时20分,任务完成。4000人已经上船,于是开始返航。

半小时后,受创的驱逐舰"帝国号"的轮机突然发生故障,险些与巡洋舰相撞。全部舰队必须在黎明时分尽可能驶入南部海域。

但是,罗林斯海军上将却命令驱逐舰"赫脱斯保号"驶回,把"帝国号"驱逐舰上所有军队和乘员接走,并将"帝国号"击沉。

早晨6时25分,"希尔伍德号"又被一颗炸弹击中,不能跟随护航舰队同行。在其后的4小时内,更不幸的事接着发生了。巡洋舰"代多号""猎户座号"和驱逐舰"诱敌号"都被击中。

"猎户座号"舰上的情况即使听来也令人毛骨悚然。舰上除了船员外,还有军队士兵1100名。一枚炸弹穿过舰桥,落到拥挤不堪的下甲板上,约有260人被炸死,280人受伤。舰长巴克海军上校遇难,船受重创并起火焚烧。

至29日止,运出的军队士兵已将近5000人,但是还有大批人员躲在通往斯法基亚所有的路口上,仍在等待援救。

5月30日,丘吉尔发出命令,要不惜一切代价,为营救残留在该岛的军队做出最后的努力。

这天清晨,阿利斯海军上校率领4艘驱逐舰再次驶往斯法基亚。途中有2艘驱逐舰不得不折返,但是他率领"内皮尔号"和"尼赞号"继续前进,成功地使1500余名士兵登上了船。

在返航中,这2艘驱逐舰都差一点被炸弹炸沉,虽受了一些损伤,还是安然驶抵亚历山大港。

当夜,根据驻开罗总司令的命令,弗赖伯格将军也乘飞机最后离开了克里特岛。至6月1日,共有17500人被安全地运到埃及。没有救出的分散在岛上

的5000人，除了少数投降外，大部被希特勒和墨索里尼的党徒杀害了。

克里特岛战役，除了具有争夺战略据点的意义以外，也是在艰苦不懈的斗争中获得决定性成果的一个例证。

据丘吉尔《第二次世界大战回忆录》一书披露，在这次保卫战中，英国及其盟国共死伤15000多人。德、意法西斯军队的伤亡当在此数之上。

自从这场战争开始以来，据统计，在马利姆和苏达湾区域内共有德军坟墓4000多个，在雷西姆农和伊腊克林另有坟墓1000多个。此外还有大量的德军溺毙在海中。约有170架运兵飞机被击毁、击伤。

希特勒为了赢得这次胜利付出了沉重的代价。戈林所鼓吹的"英雄空降师"彻底瓦解了。

墨索里尼这个老奸巨猾的法西斯头子，狐假虎威，借希特勒之力赢得了征服希腊的胜利。但为时不久，非洲的厄运就像报丧神一样，一个一个地降临在他的头上了。

贸然进攻
导致一败涂地

就在意大利军队入侵希腊的同时，墨索里尼又贸然发动了对非洲的进攻。他妄图乘英国之危，一举攻下埃及，以便称霸非洲。

然而，事情并不如意。在非洲担任意大利统帅的格拉齐亚尼，是一个诡计多端的法西斯老将。他虽然赢得了征服阿比西尼亚的桂冠，受到"领袖"的嘉奖、喝彩，并被提升为元帅，但这次却忧虑满腹。

他想：英国人最近不战自退，一打就跑，可能是个陷阱。因此，不管墨索里尼如何训斥、辱骂，仍不轻举妄动。

可是，就在格拉齐亚尼踌躇不前时，英国人却以最快的速度完成了"罗盘"战役的准备工作。

开战之前，英国中东总司令韦维尔将军，亲自检查战备之后，对将士作了简短有力的动员，他说："我们虽然在人数上抵不过敌人，但我们经过高度的训练，装备好，习惯沙漠作战，有着'伟大的光荣传统'，而且富于坚忍不拔的精神，这是我们攻无不克的胜利保证。"

1940年12月6日，英国那些身体瘦削、在沙漠中受过锻炼的完全机械化装备的陆军，约25000人挺进了40多千米，并于翌日一动也不动地整日蜷伏在沙漠荒野之中，未被墨索里尼的空军发现。

12月8日，他们又兼程前进，部队在当夜才被告知，这不是在沙漠中的演习，而是"真要打仗"。

9日拂晓，揭开了西迪巴拉尼之战的序幕。

一阵猛烈的炮火过后，英、印联军展开了攻势。

仅仅在数分钟之内，意大利的25辆战车就陷入瘫痪状态。当时在西迪巴拉尼南部的尼贝瓦作战的意大利军，进行了顽强的抵抗，意军师团长马利蒂一出战壕，即被打死。

经过一个多小时的激战，英军攻克该城。

下午13时30分开始进攻图马尔兵营，至傍晚几乎整个兵营地区全被英军占领，大部守军被俘。同时，第七装甲师在西面切断了沿地中海的公路，从而孤立了西迪巴拉尼。

驻防马特鲁港的部队，也同时准备停当，待命出击。

10日天刚破晓，盟军便在军舰的强大火力掩护下，猛攻正面的意军阵地。战斗持续了一整天，至10时，科尔斯特里姆警卫队指挥部报告说，俘虏太多，已无法清点，被俘的士兵和军官占了有200多英亩大的一片地方。

自12月11日起，英军第七装甲师，接着是英军第十六步兵摩托化旅与澳大利亚第六师，继续乘胜追击。

几天后，布克·布克和西迪巴拉尼周围的全部海滨地区便落入盟军之手。当时丘吉尔从前线获悉，至少有3个师是墨索里尼的精锐部队，不是被歼灭，就是被俘获。

在西迪巴拉尼的胜利已最终确定的时候，即12月12日，韦维尔将军又主动采取了一项明智而大胆的决策。

他不是把刚替换下来的第四英印师留在战场上作为总后备队，而是立刻把它调往厄立特里亚，与第五英印师一起参加由普拉特将军指挥的阿比西尼亚战役。

该师一部分由海道前往苏丹港，另一部分则乘火车再换轮船溯尼罗河而上。其中有一部分几乎是直接从西迪巴拉尼前线开往他们登船的地点。

他们到达700千米以外的战场后，很快又投入战斗。如果没有韦维尔将军先见之明的决策，不但阿比西尼亚要塞克伦之战的胜利难保，就是阿比西尼亚的解放也会遥遥无期。

北非前线的胜利，使丘吉尔欣欣鼓舞，他急忙向前线将士表示祝贺，并

催促他们不遗余力地围歼意军。他在1940年12月13日发给韦维尔的电报说：

> 我衷心祝贺你获得的光辉胜利，它实现了我们的最高希望。
> 当我在下院讲述需要进行多么高明的参谋工作和陆军如何勇敢地
> 执行这一艰巨任务时，大厅里欢声雷动。

诗人沃尔特·惠特曼说："每一个成功的果实，无论它是多么圆满，都将带来一些需要我们投入更大的战斗才能加以解决的问题。

"自然，在你的思想里，追击敌人占首要地位。当胜利者精疲力竭之日，正是可以从失败者身上取得最大的补偿之时。再没有什么事情比利比亚的失败更能使墨索里尼战栗的了。

"无疑，你曾经考虑，在意大利领土上占领几处港口，让舰队运输你所需要的一切人员和装备，利用这些港口作为新的跳板，以便沿着海岸追击敌人，直至遇到真正的抵抗为止。看来，这些人就像是成熟的庄稼等我们去收割了……"

至12月15日，英联邦军队已从埃及境内扫荡了所有的意军。留在昔兰尼加的意军，大部分撤退到已被孤立的巴迪亚防御阵地以内。这样便结束了西迪巴拉尼之战的第一阶段。在第一阶段，英军使墨索里尼的5个师大部被歼，38000余人被俘。

英军自己的损失是：阵亡133人，受伤387人，失踪8人。

为了乘胜扩大战果，12月16日，丘吉尔电示韦维尔："现在，你们的首要目标，是粉碎意大利陆军，并尽最大努力把他们驱逐出非洲海岸。前曾得悉你们有进攻巴迪亚和图卜鲁克之意，现在又获悉你们攻占苏卢姆和卡普的消息，我们感到非常高兴。我深信，你只有在确知你不能再向前进以后，才放弃主要的目标，转而在苏丹或多德卡尼斯群岛采取辅助行动。但是，不要让这两个行动使进一步击溃墨索里尼主力的最大任务受到影响。"

墨索里尼在非洲惨败的消息，使全意大利人惊恐不已，离心倾向愈加严

重。饱受折磨的意大利人民"根本不能冷静地接受这一巨大的打击"。从齐亚诺那几天的日记里，可看到妄自尊大的墨索里尼对这一打击的反应和这一事件对法西斯统治集团内部所产生的影响。

在最初，刚愎自用的墨索里尼，还装模作样，尚能"保持平静"，但至12月12日，他也严重地动摇起来，承认事态的严重性。

他曾对他的左右心腹说："我们真的被击垮了！这回并非由于政治上的原因，这完全是军事将领们的无能所造成的。"

在这以前，墨索里尼对于格拉齐亚尼要求提供更多的战车、大炮和空军支援，总以为那是某种借口，而置之不理；现在失败了，他不仅不严于律己，反而怪起格拉齐亚尼来了。

他憎恨地说："尽管我瞧不起他，但他却摆出一副满不在乎的样子，实在可憎！"

墨索里尼一向不大信任格拉齐亚尼，总以为他保守、怕死，因而听取了巴迪亚司令官贝尔索利将军的意见。"领袖"在一封致这位半白胡子将军的热情洋溢的电报里说："闪电胡子以及他勇敢的士兵是有口皆碑的。我相信

装甲车 ▼

他们在战争中会旗开得胜，为党国尽忠！"

然而，格拉齐亚尼却不以为然，他对意大利军队能够守住巴迪亚一事，表示怀疑，于是他提议放弃此城，撤退到图卜鲁克，这样可以有充裕时间构筑防御工事。然而，这一建议却被墨索里尼拒绝了，他认为不交战就把利比亚广大地区放弃，未免太便宜英国了。他命令部队必须坚守阵地，不准后退！

在意大利"领袖"下令"坚守阵地"不久，英军就把巴迪亚作为他们下一个攻击的目标了。在这个城市的周围，格拉齐亚尼布置了4个意大利师。

防御工事是由连续不断的反坦克战壕和铁丝网障碍物构成的，每隔一段有一座混凝土的碉堡，后面还有第二道防御工事。

为攻击这一阵地，英军可以调用的军队有第六澳大利亚师、英军第十六步兵旅、皇家坦克团第七营、一个机枪营、一个野炮团和一个中程炮团。

从1941年1月3日清晨开始攻击。一营澳大利亚部队在强大的密集炮火掩护下，在西边的外围阵地攻占了一个据点。在他们的后面，士兵冲进了反坦克战壕。两个澳大利亚旅继续进攻并向东面和东南面扫荡。

战事进展十分神速。4日下午，英国"马蒂尔达"坦克在步兵的支援下攻克巴迪亚；5日，守军全部投降。共俘45000人，缴获大炮462门。

1月6日，轮到了图卜鲁克，第七装甲师切断了它的交通；7日，领先的澳大利亚旅已进抵该城东部防线的前沿。这里的外围阵地长达27千米，与巴迪亚的阵地相似，只是在许多地点反坦克壕的深度不够，起不到作用。

驻防的意大利军队包括一个完整的步兵师、一个军司令部和从前沿阵地撤下来的大量残余部队。

直至1月21日，一切准备就绪后，英军才发动攻击。另一个澳大利亚旅，在强烈的炮火掩护下，冲入南面的外围阵地。该师的其他两个旅，进入临时建立的桥头阵地，向左右两翼扩大。

傍晚，防区的三分之一已被英军占领，第二天凌晨，一切抵抗都停止了。英军俘虏了近3万人，缴获大炮236门。

　　盟军士兵冒着意军的炮火前进。就这样，英勇善战的英联邦沙漠兵团，在韦维尔将军的指挥下，于6个星期内，在缺水缺粮的地带前进了200多千米，攻占了两座经常驻有海、空军部队的设防巩固的港口，俘虏意军11.3万名，缴获大炮700多门。

　　至此，妄图侵略征服埃及的墨索里尼的庞大陆军，已经溃不成军了，只是由于交通和供应上的莫大困难，才延迟了英军向西长驱推进。

　　在所有这些战斗中，舰队曾给予有力的支援。巴迪亚和图卜鲁克依次受到舰队的猛烈轰击，舰队的飞机也参加了陆上作战。

　　尤其是海军，除了为运送军事人员进入被占领的港口提供了莫大的便利之外，还每天为陆军先头部队输送3000吨供应品，支援陆军的前进。

　　英国陆军所以能获得这样大的胜利，也应归功于英国空军对意大利空军的优势。他们虽然在数量上逊于意军，但是飞行人员勇于进攻的精神，迅速地使他们在士气上完全压倒意军，从而享有空中活动的自由，击毁意大利飞机达数百架之多。

　　巴迪亚和图卜鲁克两个重要港口的失守，在意大利引起了更大的震动，统治集团内部的埋怨、争吵较前更激烈。

　　根据当时形势的发展，丘吉尔觉得，有必要通过广播对意大利人民讲几句话，借以鼓动意大利人民群众对墨索里尼法西斯政权的不满。

　　因此，1940年12月23日夜，英首相首先向他们述说了英意之间的传统友谊，接着指出："意大利人，我要把实情告诉你们。这都是因为一个人……

　　"我不否认他是一个伟大的人物，但是，他毫无约束地执掌大权18年之后，把你们的国家带到了可怕的毁灭的边缘，这却是谁也不能否认的。也就是这一个人……违背根本就不想打这次战争的意大利人民的意愿，使古罗马的继承人和后裔与凶恶残暴的异教徒为伍。"

　　丘吉尔讲到这里，又向意大利人民宣读了他出任首相时致墨索里尼的信和这名"领袖"1940年5月18日写给他的回信。

　　接着，丘吉尔进一步指出："这名领袖在执掌独裁政权18年之后，把信

赖他的人民领到什么地方去了呢？现在他们可以选择的出路是多么不妙？要么准备在海上、空中和非洲遭受整个大英帝国的炮击，遭受希腊民族的猛烈反攻；要么换一个办法，从勃伦纳山口请阿提拉率领贪婪的军队和秘密警察来占领、镇压和保护意大利人民。

"而他和他的纳粹党徒对意大利人民是直言不讳地极端蔑视的，种族与种族之间像他们对你们这样蔑视的情形还从未见过。一个人，而且只有那个人使你们遭遇的结果就是如此。"

最后，丘吉尔大声疾呼："我将等待意大利民族能再次创造自己的命运那一天，而且我坚信这一天必将到来！"

十分巧合，就在丘吉尔向意大利人民发表演说的这一天，墨索里尼懊丧地对齐亚诺谈到意大利陆军的士气时说："无论如何，我将承认，1914年的意大利人比现在的意大利人好。这不是夸赞那时的制度，只不过讲实话罢了。"

这一阵子，这个法西斯魔头情绪很坏，显然是意大利陆军在利比亚和阿尔巴尼亚的失败折磨着他的心。

北非反法西斯战场上的胜利，有力地鼓舞了欧洲人民和非洲人民的斗争，千千万万人的心中又燃起了希望的火焰，迸发出奔腾的激情。对于世界上反法西斯的国家和人民来说，形势越来越好。

寄人篱下
企图东山再起

巴迪亚、图卜鲁克失守之后，墨索里尼的日子越加不好过了。

英联军开始了更大规模的进击，战事急如星火，接连不断的打击迎头而来。意大利法西斯军队，犹如惊弓之鸟，只有招架之功，没有还手之力。墨索里尼的非洲帝国眼看着就要崩溃了。

1941年，对丘吉尔来说是形势开始好转的一年。

沙漠地区中的胜利使这一年头几天笼罩着一片喜悦的气氛。巴迪亚于1月5日被攻克，守军40000人投降。紧接着，图卜鲁克又被攻陷，俘虏意军近30000人。

19日，英军收复了苏丹境内的卡萨拉。

20日，英军进入意大利的殖民地厄立特里亚。几天之后，夺获意方兵站基点比夏。海尔·塞拉西皇帝返回阿比西尼亚。

盟军乘胜前进，连续战斗，迅速扩大战果。丘吉尔指令英国参谋总部，必须以迅速摧毁意大利在东北非的武装部队，作为1941年最初数月内在海外作战的主要目标。一旦摧毁昔兰尼加的意军，尼罗河集团军即可向阿比西尼亚和苏丹进军，并在阿比西尼亚境内更广泛地发动起义。

同时肯尼亚的部队也可沿鲁道夫湖向北挺进，尽速消灭意军的有生力量，争取迫使意大利尽早退出战争。

与此同时，希特勒也致电墨索里尼，向他的伙伴发表新年感想并解释轴心国的战争布局。这个纳粹元首除了埋怨佛朗哥忘恩负义迟迟不能应约参战外，还要求墨索里尼在非洲要努力坚持。

141

希特勒认为，在这一地区内，目前还不能发动任何大规模的进攻。准备这样的一个行动，至少需要三五个月的时间。现在即将进入在本年中德国装甲部队不能有效从事战斗的季节，因为在那样的高温下，装甲车是无论如何也不能用于需要整日行驶的远距离战术性作战的。

"元首"还要求墨索里尼派出大量空军，去削弱英国在地中海上的海军地位。

双方都在加强战备，准备决战。为了确保海上运输，支持非洲大陆作战，英国统帅部试图设法在意大利本土与意军作战。

丘吉尔认为，在墨索里尼的本土攻打他们，将使意军更加沮丧，而使盟军所期望的意大利的崩溃能早日实现。

⊙ 攻击船队

2月9日，英军英军萨默维尔海军上将对热那亚的港口发动了一次勇敢而成功的袭击。

H舰队，其中包括"声威号""马来亚号"和"谢菲尔德号"，出现在热那亚附近的海面，对该城猛烈轰击达半小时。同时，从"皇家方舟号"舰上起飞的飞机对里窝那和比萨进行轰炸，并在斯佩西亚海面敷设水雷。

这是一次完全成功的奇袭，仅仅遇到热那亚海岸炮台火力微弱而且完全无效的还击。意大利的港口设备和船舶受到很大损失。

萨默维尔海军上将的舰只在低云层的掩护下撤退，成功地躲开了在撒丁岛以西进行搜索的意大利舰队的拦截。

这时，希特勒注意到了地中海，因此迫使英国人必须加强对马耳他岛的防务。

为此，丘吉尔首相致伊斯梅将军的电报说："英国在苏达湾设立加油站固然已加重了敌人袭击马耳他岛的困难，但是我仍希望尽早再派去一个营，使总兵力达到7个营。考虑到意大利军队在非洲的溃败，从埃及抽调这第七个营当无多大困难，问题在于安排舰队运送，因此人们不禁要问：运送两个营不是和运送一个营同样方便吗？面包房用车只送一个面包，似乎可惜；如果还有其他面包可送，车上可以毫不费事地装载两个面包嘛。务请考虑这一点。切勿拖延。"

至4月初，英国的海空军已能够加强袭击墨索里尼为驻在利比亚的部队运送给养的舰只了。

在这一行动中，从马耳他岛出动的英国潜艇担任主要角色，而且它们活动的规模和得到的收获都稳步增长。

4月10日，一支由4艘驱逐舰组成的英国战斗舰队驶往马耳他岛，由麦克上校在"迦佛斯湾号"舰上任指挥，准备攻击意大利运输船队。他们在一星期之内，取得了惊人的成就。

在一个月色明亮的夜晚，他们遇到意大利的一支向南行驶的运输船队：5艘运输船，由3艘驱逐舰护航。在一场近距离的大混战中，所有这些舰只都被击沉。英国的驱逐舰"莫霍克号"也被鱼雷击中沉没。仅在这次行动中，英军便击沉了满载14000吨重要作战物资的意军船舶。

与此同时，1941年1月间，在普拉特将军的指挥下，开始了肃清苏丹的战役。在最初阶段，战事进展顺利。由英印第五师和第四师，在6个空军中队的支援下，于1月份向卡萨拉的意军发起了猛攻。

1月19日，两个意大利师在遭受沉重的打击后，主动撤离了这个城市。不久，他们又放弃加拉巴特，退出了苏丹。

与此同时，在阿比西尼亚境内发动起义的工作也取得了进展。在桑福德准将指挥下的一支规模不大的部队，其中包括一个苏丹营和一些经过选拔的

英国军官和军士，他们构成了武装起义的核心。

由于他们的成就越来越大，援助他们的爱国人士也越来越多，戈贾姆西面大部分地区内的意军也逐步被肃清。

在丘吉尔首相的强令督导之下，韦维尔将军于2月中旬发起了以攻占基斯马尤为重点的"帆布"作战计划。坎宁安将军也奉命参加了这一次战役。

由6个旅和6个就地征募的大队组成的一支意大利部队据守着朱巴河，基斯马尤就在朱巴河的河口。意军的重要阵地部署在基斯马尤港之北、朱巴河对岸的杰利布。坎宁安将军于2月10日面对着这支部队部署了4个旅团。

英军于14日进占基斯马尤，未曾遇到抵抗。

22日，英军从意军两翼及其后方进击该阵地，获得很大胜利。意军全线崩溃，阵亡、被俘或逃入丛林的有30000多人。意大利空军遭到南非飞机的痛击，未能参加战斗。再向北200千米便是意属索马里的主要港口摩加迪沙，现在向这座港口推进已没有什么障碍了。

英军摩托化部队于2月25日进入该港，发现大批器材和粮食服装，还有40多万加仑的宝贵汽油。飞机场上有21架被击毁的飞机。坎宁安将军断定，他的下一步行动不致遭到强烈抵抗。

经韦维尔将军同意，他确定以距摩加迪沙740千米的季季加为下一攻击目标。部队仅仅休整了3天，3月1日就开拔了。

沿途排除了意军一些微弱的抵抗，他们于3月17日攻占季季加。至此，意属索马里全境光复。

丘吉尔首相闻讯十分高兴，立即致电韦维尔将军，祝贺索马里大捷。

电报说：

> 我衷心祝贺你们在意属索马里的战役中获得辉煌的战果。坎宁安将军率领他的士气昂扬、训练有素、组织完善的军队进行了一系列勇猛、果敢而又非常成功的战役，请向他传达英王陛下政府的感激与嘉许。望你请他将这封贺电传达给他的部队。

坎宁安将军攻克季季加后，继续率轻装部队向摩加迪沙以北200千米的费尔弗推进，这将最终完成对意属索马里的占领。英军统帅部从亚丁派出空军前去支援，除了在红海值勤外，还要袭击意大利的空军基地。

3月16日，英军两个营在柏培拉登陆。意守军一个旅被瓦解，200人被俘。

在3月份一个月中，坎宁安的部队跋涉了850千米，自从越过朱巴河以来，他的部队共击毙、俘虏或击溃意大利军队达50000多人，而他的部队伤亡还不到500人。

在这个时期，阿比西尼亚战役也有了新的进展。克伦守军顽强抵抗，激战3天，英军伤亡3000人，不易得手，战事曾一度中断。

3月20日，战斗继续进行。

意军曾一再猛烈反攻，尽管他们的损失极其惨重，但尚无立即崩溃迹象。显然，意军为保全这座要塞，要决一死战。他们的空军活动频繁，疯狂进行轮番轰炸，为垂死的守军打气助威。

3月25日，英军再次发动猛攻，在陆、空军紧密配合下，意军防线终于在27日崩溃，克伦被攻下来了。追兵势如破竹，阿斯马拉于4月1日攻克，马萨瓦守军于4月8日投降，俘虏达10000余人。

在东非其他战场，肃清意军的战斗也取得显著成效。墨索里尼宣布参战时，意大利在红海拥有驱逐舰9艘、潜艇8艘和许多小型舰只。现在，所有这些舰只已被英国海军和海军航空队击沉。

至4月11日，罗斯福总统宣布，红海和亚丁湾已经不是"交战水域"，这里已对美国船只开放了。

4月6日，坎宁安将军率领的部队，经过长途跋涉，以飞快的速度进入阿比西尼亚的首都亚的斯亚贝巴。这时，飞机场上意大利空军的残余飞机已被炸毁。他随即派遣轻装劲旅经由德西埃向北挺进，堵截阿姆巴阿拉吉的意军。

墨索里尼虽然一再下令"死守"，但是兵败如山倒，抵抗是难以持久

的。因为他们的退路已被切断。

同时，普拉特将军的部队也从北面进击，更加上阿比西尼亚爱国者的武装部队，连同投诚的意大利部队，把戈贾姆的意军12000人逐至德布腊马科斯。其中一半被俘，其余逃往北部，后来也被从刚果横越非洲2000千米前来参战的一支人民志愿部队消灭了。

5月5日，阿比西尼亚皇帝塞拉西在凯歌声中重返首都亚的斯亚贝巴。

自1月开战以来，在墨索里尼原有的22万余人中，半数以上已被俘或被歼，现在只有小股散兵还流窜在深山密林之中。阿比西尼亚全境已在英军控制之下。至此，墨索里尼想用武力征服的方法来建立一个非洲大帝国，并用古罗马精神向那里移植意大利人的迷梦，彻底破灭了。

墨索里尼因此十分伤心，从而更加强了他对德不满的情绪。他埋怨希特勒"见死不救"，他说，我们应当记住："是他们使我们失去了一个帝

战场上的士兵 ⊻

国。"

1941年6月22日清晨，一阵尖利的电话铃声划破了墨索里尼夏宫的死寂。"领袖，元首已经对苏联宣战！"恍惚间墨索里尼觉得自己的一切幻想都变成了泡影。他的直觉告诉他，希特勒的这个疯狂举动将把他和意大利推向毁灭的边缘。

墨索里尼在意大利舞台上残酷统治了21年，已经到了智穷力竭的地步了。他的侵略扩张政策给意大利人民带来了严重的灾难，现在举国上下被失败主义情绪笼罩着。面对战争的残酷破坏和军民的大量死亡，墨索里尼这个罪魁祸首，自然成了全国人民的众矢之的。

1943年7月10日，英美联军在西西里岛登陆，随时准备进攻意大利本土，500架飞机每天轮番在罗马上空轰炸，全意大利都在咒骂墨索里尼。"领袖"的部下们终于意识到，为了得到盟军的宽容待遇，为了解救意大利，他们必须牺牲"领袖"。

随着西西里战场的惨败，墨索里尼不仅面临意大利人民的强烈反对，而且面临法西斯统治集团内部某些最亲信的追随者，甚至他自己的女婿齐亚诺的反叛。而且，在这种反叛的幕后，有着一个连国王也包括在内的、代表更广泛阶层的许多人物所策划的、企图推翻他的密谋。

局势紧迫，意大利人民、意大利党内外反对派不能再等待了。这时，法西斯党的元老、前外交部长狄诺·格兰第来到罗马，经过和同谋者串联后准备在法西斯大委员会上担任领导职务。

他在7月22日，特意拜访了他的老领袖，要求召开法西斯党最高委员会——大委员会。

自1939年12月以来，这个委员会一直没有召开过会议，而且它一直是一个完全听命于"领袖"个人的有名无实的机构。就这样，在多数委员的要求下，墨索里尼终于答应在7月24日举行这次不寻常的会议。

格兰第发表了一篇被墨索里尼称为"猛烈抨击的演说"，"一个久怀怨恨的人终于发泄积愤的一篇演说"。法西斯大委员会成员和宫廷之间的串

联，已经极其明显地表现出来了。

墨索里尼的女婿、曾经长期掌管外交事务的齐亚诺，对格兰第的倡议给予坚决支持。每个与会者都意识到，一个政治大变动已经迫在眉睫了。辩论一直持续到午夜，这时法西斯党常务书记斯科尔札提议休会，明天再继续进行。

但是格兰第跳了起来，大声喊道："不行！我反对这个提议。我们好不容易才开始了这场辩论，我们一定要把会开完！"在举行投票表决时，已经是第二天凌晨2时多了。

选举结果出来了，以19票赞成、7票反对、2票弃权通过了格兰第的倡议，从而否定了墨索里尼做"领袖"的专制独裁地位。

墨索里尼气急败坏，站起来厉声地说："你们已造成了政权的危机，简直糟糕透了！"

会议到此结束。大家都沉默地散去。当晚，没有一个人能够在家中入睡，一场逮捕墨索里尼的预谋仍在暗中加紧进行。

7月25日，星期日，上午，墨索里尼继续待在威尼斯宫的办公室里，并巡视了罗马几个遭到轰炸的地区。对于即将发生的一切，他完全蒙在鼓里。他请求觐见国王。下午17时，维克多·埃曼努尔接见了他。

但是，当墨索里尼到达国王寓所时，他看到各处的军警都增加了。国王身穿大元帅制服，站在门口。

他们两人走进了客厅。国王说："我的亲爱的领袖，情况不妙了。意大利已经走上了分崩离析的道路。军队的士气一落千丈。士兵们不愿意再打下去了……法西斯大委员会的表决太可怕了——赞成格兰第的动议的竟有19票之多。而在这些投票人中，有4个人竟是'天使报喜勋章'的获得者！"

他接着说："此刻，你在意大利是大家最痛恨的人。你能够依靠的，最多不过一个朋友。现在你只剩下了一个朋友，而这个朋友就是我。这就是我为什么要告诉你，对于你的个人安全，用不着担忧，我负责给你保护。你的职位现在由巴多格里奥元帅来担任。"

恶魔下场

面对着这一切，墨索里尼简直惊呆了，茫然不知所措。当国王把他送出大厅时，这个昔日不可一世的专制魔王，脸色苍白，显得比平时矮小了许多。国王和他握手告别后就进去了。

25日下午稍晚些时候，国王命令巴多格里奥，这个在1940年因希腊战争失利而被墨索里尼撤职的陆军元帅，组织一个包括军事首脑和文官的新内阁。当天晚上，巴多格里奥元帅向全世界广播了这个消息。

德军营救墨索里尼（场景模拟）

第二次世界大战主要元凶

　　两天以后，巴多格里奥命令将墨索里尼这个法西斯领袖拘禁在蓬察岛上。从此，墨索里尼，这个"当代罗马帝国的恺撒"，就这样可悲地结束了他在意大利的独裁统治。

　　墨索里尼的垮台，在柏林，在纳粹统治集团引起了强烈的震惊。他们意识到，在罗马发生的事件也许开创了一个可怕的先例，这种危险尤其使希特勒感到不安。

本来，他在同墨索里尼会谈以后，深信要使意大利继续参战，只有在意大利法西斯党内进行清洗，并且由德国对意大利法西斯党的领袖们增加压力。

7月29日是墨索里尼的60岁诞辰，希特勒准备派戈林趁此机会对他进行一次正式访问。但是，在7月25日这一天，令人震惊的消息就由罗马传到了柏林。

希特勒连夜召集纳粹头目们开会，最后决定，准备采取一切措施，营救墨索里尼，占领罗马，并尽一切可能支援已经垮台的意大利法西斯主义。

希特勒不仅想为这个仍有私人感情的老朋友帮一次忙，而且想让墨索里尼担任意大利北部的新法西斯政府的首脑。这样，可以减轻德国人管理这部分领土的负担，并且帮助保卫那条很长的供应线和交通线，防止怀有敌意的意大利人民的破坏。

因为在人民中间，意大利共产党领导的游击队十分活跃，对纳粹德国军队构成了严重的威胁。

墨索里尼被拘留在蓬察岛，随后转到离撒丁岛海岸不远的拉马达勒纳岛。巴多格里奥担心德国人偷袭，因而在8月底把他以前的"领袖"秘密转移到亚平宁山脉最高峰大萨索山峰顶的小型休养地，而且只有一条铁索可以通往该地。

希特勒获悉墨索里尼的下落后，立即派飞机到那山顶上空侦察，并且判定用滑翔机运载部队，大概可以登上那个顶峰，制服意大利宪兵警卫队，然后用一架小型飞机把墨索里尼带走。

这个大胆的计划于9月13日执行，领导者是希姆莱的党卫队里一个知识分子出身的暴徒，一个名叫奥托·斯科尔兹内的奥地利人。

为了保证营救成功，避免宪兵队开枪伤人，斯科尔兹内在出发前特意绑架了一个意大利将军，把他装进自己的滑翔机里。

当他率领空运部队在距山顶旅馆100米的地方降落时，发现墨索里尼正在二楼的一个窗口满怀希望地张望着。

　　大部分意大利警卫一看见德国军队就逃入山中，少数没逃的也在斯科尔兹内和墨索里尼的劝阻下没有动用武器。这个党卫队头子把他抓来的将军当做人质，推在自己队伍的前面，大声叫警卫们别向这个意大利将军开枪。果然一滴血也没有流。

　　几分钟后，墨索里尼被塞进那架小型飞机里，从山顶一小块尽是石头的草坪上冒险起飞了。他们先飞到罗马，后来又把"领袖"送到慕尼黑同"元首"举行了会谈。墨索里尼十分感激希特勒的营救。

　　墨索里尼被希特勒营救后，欣喜若狂，因为他曾发誓宁可自杀，也不愿落到盟军手里，被送到纽约麦迪逊广场公园去展览或在开普敦剧院去出丑。

　　原因是，在墨索里尼被捕后不久，这两家公众娱乐场所都争先给艾森豪威尔打电报提出：如果将这个法西斯头子在他们那里"展览"3周，每家愿捐献10000英镑给美国的慈善事业。

　　自从墨索里尼听到这则消息后，饭也吃不下，觉也睡不好，生怕落到那般地步。如今承蒙"元首"搭救，怎能不使他感激涕零呢！

　　两个法西斯头子在腊斯登堡重逢后，虽然墨索里尼一再对"元首"感恩戴德，表示在有生之年愿效犬马之劳，但是对他所开创的法西斯事业却缺乏"雄心壮志"了。

　　他现在是一个垮了台的人，意志颓唐，以前在他心中燃烧过的火焰已变成灰烬。

　　而且，使希特勒十分失望的是，墨索里尼看来并不想在德国占领下的意大利恢复法西斯政权。

　　9月15日，在希特勒的百般劝说和鼓励之下，墨索里尼壮着胆子宣称：他要重新掌握法西斯党的领导权；而且，一个新的共和党法西斯党在肃清了叛变分子以后，"精神振奋，准备在意大利北部重新建立一个忠诚的政府"。

　　旧制度现在披上了伪装革命的外衣，看来在一个短暂的时期内，似乎可以重新燃起生命的火焰。但是，结果却令德国人失望。

　　尤其使希特勒和戈培尔恼火的是，墨索里尼同齐亚诺取得了和解，而且

似乎是完全在他的女儿、齐亚诺的妻子爱达的操纵之下。

希特勒和戈培尔认为，墨索里尼应当立即将齐亚诺处死，至于爱达，应该像戈培尔说的那样，狠狠地抽她一顿鞭子。他们不同意墨索里尼把"那个毒蘑菇"齐亚诺放在新的法西斯共和党的领导地位。

9月底，经过一番短促的准备，墨索里尼粉墨登场了。他在加尔达湖畔设立了总部。这个可怜的影子政府以"萨洛共和国"闻名于世。这出拙劣的悲剧在这里一直演到终场。

其实，这个新政府只不过是纳粹德国的一个侵略工具，墨索里尼现在只不过是希特勒的一个傀儡，他和他的"法西斯共和政府"，除了德国元首为了纳粹德国的利益而授予某些权力以外，并无真正的权力，而且意大利人民也永远不会再接受他和他的法西斯主义了。

尽管德国人还在拼命挣扎，他们在兵力上还暂时占着优势，墨索里尼还在耀武扬威，加紧搜刮民财人力，为希特勒输血，提供炮灰，但从总的方面来说，希特勒的第三帝国已经日薄西山了。墨索里尼这个傀儡政权还能维持多久呢？

出逃被杀
悬挂广场示众

墨索里尼被搭救来到慕尼黑后，见到了他的女儿爱达和女婿齐亚诺伯爵。他们夫妇在意大利投降时从罗马亡命出奔。

齐亚诺在法西斯党大委员会举行的那次决定命运的会议上，虽然投票反对他的岳父，但仍希望依靠他妻子的影响，同墨索里尼言归于好。

在慕尼黑期间，这种愿望确已实现，从而引起了希特勒的愤怒。墨索里尼对于背叛法西斯的"叛徒"，特别对齐亚诺迟迟不愿惩办，引起了纳粹元首的鄙视和狂怒。

1943年7月，意军在维克多—埃马努尔纪念碑前游行示威，要求墨索里尼下台，并向德国宣战。

就在这群法西斯匪徒进入坟墓之前，一场蓄谋已久的复仇丑剧就开场了。

墨索里尼对那些曾在1943年7月间投票反对他的旧法西斯政权的领导人员，凡能在德国占领的意大利境内逮捕的，至1943年年底，都在维也纳的中世纪城堡中加以审判，其中就有齐亚诺。他们无一例外地都被判处死刑。尽管爱达百般恳求并要挟，墨索里尼坚决不肯赦免。

1944年1月，这批人，不仅包括齐亚诺，而且还有曾与墨索里尼一同向罗马进军的伙伴、78岁的德·邦诺元帅，都以叛徒的罪名被处死了。

关于齐亚诺的死，引起了世界广泛的议论。

丘吉尔说："齐亚诺的下场，同文艺复兴时代的悲剧中的各种角色完全一致。"

恶魔下场

　　"墨索里尼屈服于希特勒的复仇要求，徒然为人们所耻笑，而这个分崩离析的轴心的遗骸——煞是凄凉的新法西斯共和国，却仍在加尔达湖畔勉强支撑着残局。"

　　墨索里尼虽然按照希特勒的旨意杀害了齐亚诺，但是德、意法西斯在意大利战场并没有因此得到什么改善。

　　不久，盟军就再次发起了对卡西诺要地的进攻。为了保证横渡英吉利海峡的"霸王"计划的进行，盟军已将大约20个精锐的德国师拖在意大利中部，动弹不得。后来盟军的飞机又对德国的交通线进行了猛烈的轰炸。

　　墨索里尼又苟延残喘了一年多，由于盟国将重点从地中海转向西欧，意大利战场直至1945年1月才开始大反攻。此时希特勒的阿登反击也失败了。墨索里尼彻底绝望，而且几乎精神失常了。

　　1945年4月25日傍晚，墨索里尼仓皇带领少数死党从米兰逃往科摩湖，企图从这里去瑞士过流亡生活。

　　26日，墨索里尼的车队到达边境城市东戈附近，这个城市已经被意大利

🔻 希特勒和墨索里尼（邮票）

游击队控制。

在一个村口，游击队员发现了一支有德意军人在内的车队，于是鸣枪命令车队停住、接受检查。随即一支由8人组成的游击队巡逻队走了过去，为首的青年名叫贝利尼。

车队为首的一名德国军官用流利的意大利语自我介绍，并解释他们奉命回德国本土作战，他们无意与意大利人作战。贝利尼和他的同伴们商量后，在敌我力量极为悬殊的情况下，当即决定：德国人可以放行，但必须接受下一站的检查，意大利人必须留下归游击队处理。

这时墨索里尼正躲在一辆卡车的驾驶室里，用毛毯裹着肩膀，一听说要交游击队处理，急忙竖起军大衣的领子并压低头上的钢盔，故意使人看不见他的脸。

一名叫拉扎罗的游击队员走过来，看见此人形迹可疑，很像墨索里尼。他走上卡车，拍拍蜷缩的人的肩膀，墨索里尼没反应。

拉扎罗第二次拍拍他的肩膀讽刺地说："阁下！"墨索里尼还是没反应。

拉扎罗火了，他大声叫道："本托·墨索里尼骑士！"那人身子不安地动了一下，拉扎罗确信他就是墨索里尼。

人们听到叫嚷声也围拢过来，拉扎罗摘掉那人的头盔，取下他的墨镜，翻下他的衣领，人们很快都认出来了：这就是那位曾经令人无限崇拜、后又被严厉诅咒的法西斯领袖——墨索里尼。

墨索里尼又一次被监禁了。

这时，一位游击队员前来报告："有一位西班牙领事要马上动身，立即去瑞士，因为他有一个约会，能放他走吗？"

拉扎罗说："等一等，我去检查一下。"

"西班牙领事"操着流利的意大利语向拉扎罗居高临下地发起了牢骚。

拉扎罗坚持看一下他的证件，发现证件上有一个图章是印上去的。原来，"西班牙领事"不是别人，正是墨索里尼的情人克拉拉·佩塔奇的哥

157

哥。克拉拉·佩塔奇也在车上，她是墨索里尼逃跑时特意带上的，车上还有克拉拉的嫂子和两个侄儿。

游击队很快扣留了佩塔奇一家，不久就弄清了那个穿着华丽皮衣的女人便是墨索里尼臭名昭著的情妇。

墨索里尼被捕的消息迅速传开，不时有人前来审讯他，游击队总部为防止法西斯分子再次"营救"，决定将其就地正法。墨索里尼请求给予克拉拉特别照顾，但人们早已恨透法西斯和臭名远扬的佩塔奇家族，游击队决定将她与墨索里尼一同处死。

为了防止意外，游击队总司令部派共产党人瓦尔特·阿乌迪西奥等人来执行枪毙墨索里尼的命令。

他们来之前，共产党领导人路易吉·隆哥命令："对墨索里尼应立即处决，不要故意拖延，不要节外生枝。对他不需要什么判决书。"

1945年4月28日，汽车沿着田间小路开到一座孤零零的别墅前，在距离铁栏杆4米多的地方停下。阿乌迪西奥命令墨索里尼和克拉拉："下来！"然后用枪对准了他们，命令他们往铁栏杆左边走，站在别墅的围墙前边。

克拉拉双手搂着墨索里尼的脖子，两人紧紧地靠在一起。阿乌迪西奥向墨索里尼和克拉拉正式宣布判处他们死刑。

克拉拉意识到即将发生什么，便大喊大叫起来："不行！你们不能这样干！你们不能就这样把我们杀掉！"

阿乌迪西奥命令说："你要不想死，就在旁边站好！"

他扳动自动步枪，枪是空的，里面没有子弹。他向当地游击队政委莫莱蒂喊道："把你的枪给我！"

这时墨索里尼突然想到要死得"壮烈些"，便一把扯开衣领，叫道："往胸部上打！"

克拉拉上前去夺枪，被阿乌迪西奥一枪击中心脏，应声倒下。

随后，阿乌迪西奥向墨索里尼射去两排子弹。墨索里尼身中9弹，罪恶累累的法西斯头子得到了应有的下场。

158

　　阿乌迪西奥处决墨索里尼和克拉拉后，又处决了其他13名法西斯要犯，其中包括克拉拉的兄弟、法西斯情报处头目佩塔奇。

　　4月29日清晨，运载15具法西斯要犯尸体的汽车从米兰的一家旅馆开出，直奔洛列托广场。

　　墨索里尼被处死的消息迅速传遍全国各地。一些顽固的法西斯女党徒闻讯后，削去长发，在额头上涂上红色的镰刀锤子徽记，来到米兰大街，向她们的"领袖"致哀。

　　广大人民则前来雪恨，一个男子冲到墨索里尼的尸体前，朝着他的脑袋狠狠地踢了几脚。一位妇女对准墨索里尼的尸体开了5枪，为她的5个儿子报了仇，她的5个儿子均被法西斯拉去当兵，死于战场。

　　前来报仇的人越来越多。为了解人们心头之恨，游击队员将墨索里尼等15人的尸体，用绳子倒挂在广场旁一家加油站的顶棚上，此举宣告了法西斯主义在意大利的彻底结束。

　　墨索里尼，这个意大利人民曾经寄托无限希望的人，但他丧心病狂、不自量力、疯狂扩张，把意大利人民紧紧绑在德国纳粹的战车上，将意大利推到战争的深渊。而现在他终于在他发家的起点米兰，得到了应有的惩罚。这是正义的审判！

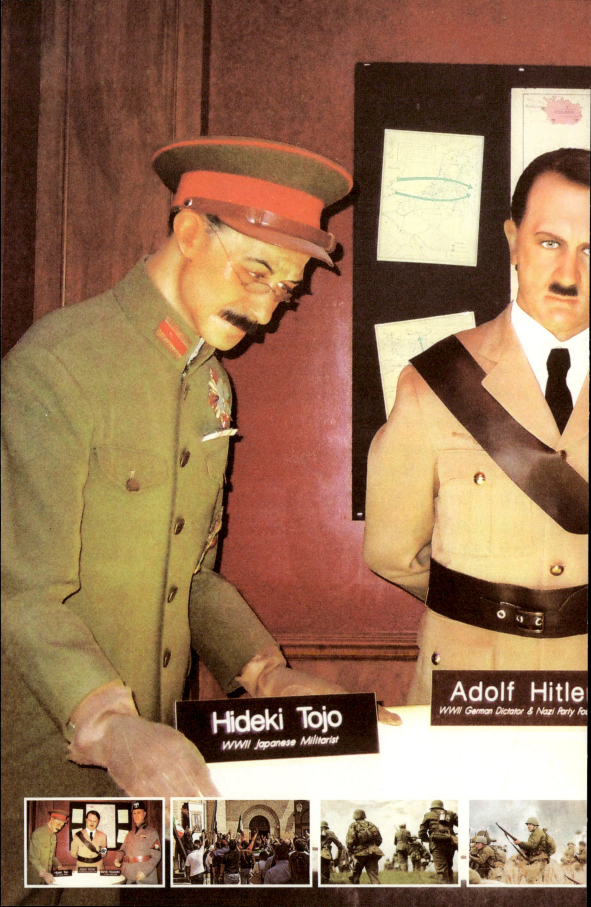

Hideki Tojo
WWII Japanese Militarist

Adolf Hitler
WWII German Dictator & Nazi Party Fou

恶魔下场

第二次世界大战主要元凶

东条英机

　　东条英机，日本军国主义的代表人物，第二次世界大战日本法西斯主犯之一。二战期间，任大政翼赞会总裁、日本陆军大将、陆军大臣和第四十任内阁总理大臣，主张侵华扩张版图；参与策划偷袭美国夏威夷珍珠港，致使太平洋战争爆发。1944年，因指挥无能被解除一切职务。日本战败后，被远东军事法庭处以绞刑。

武士道造就的
狂人军官

1884年12月30日，东条英机在日本东京的一个军人家庭里出生了。

他的父亲东条英教早年毕业于陆军教导团，是一位由下级军官逐步晋升为大将的大军阀。

东条英教作为日本陆军建军之父、来自德国的麦克尔将军的得意门生，是当时陆军部内屈指可数的战术家。他所著的兵书《战术麓之尘》甚至被称为日本"陆军之宝典"。

此外，东条英教在1877年曾参加过著名的"西南战争"，为明治天皇平定西乡隆盛之乱立下了汗马功劳。在后来的中日甲午战争中，他又作为大本营的高级参谋，辅佐日军参谋总长川上操六，竭尽出谋划策之能事。

日俄战争中又担任野战军第三旅团旅团长，率军征战中国东北，为打败俄国，扩张日本的势力范围立下"显赫战功"。

东条英机的母亲德永千岁是九州小仓万德寺住持的女儿，曾生有7男3女。她朴实而严谨的性格，也给东条英机以很大的影响。

东条英机排行第三，但由于两个哥哥均早夭，就成了长子。东条英机自幼是个顽皮好动，经常玩得忘了吃饭的淘气鬼。在他到了上小学的年龄时，进入了当地的四谷小学念书。

跨入校门的他玩性不改，总是把功课抛在脑后，与同学打打闹闹，他的性格倔强，从来不服输，并以"打架大王"著称。

个子不高的他在打架时既不怕人高马大的高年级学生，也不怕对手人多势众，打输时绝不求饶。因此，他的小学校长曾说："东条英机在打架和不

服输这一点上，确实是全校的冠军。"

为了培养儿子的武士道精神，东条英教专门请了一位名叫日比野雷风氏的武士，教东条英机习"神刀流剑舞"，这正适合东条英机的"口味"。

于是他专心习之，进步较快，并经常在公众场合表演他的这出拿手戏，以此哗众取宠，满足其虚荣心，借以宣扬"虎威"。同时，这也慢慢培养了东条英机"杀身成仁"的精神。

东条英机

光阴荏苒，在军阀父亲的熏陶和影响下，"大和魂"在这个顽童身上扎了根，东条英机决心像他父亲那样，作一个横行侵略，东征西杀，为天皇效忠的武士道军官。

为了实现自己的"理想"，1899年9月，东条英机进入了东京陆军地方幼年学校，从此迈出了他军旅生涯的第一步，此时他才16岁。

东条英机穿上军装，最开始接受的"入学训示"便是：刻苦训练，严于律己，勇猛冲杀，视死如归，为大日本帝国征战建立功勋，效忠天皇。

可是，童年的荒废，使东条英机除了打架厉害，其他都不算好。

一次，他与七八个同学打架，寡不敌众，被打得狼狈不堪。这次挨打对东条英机来说算是"因祸得福"了，他幡然悔悟："一个人力气再大，也只

163

能对付少量敌人，要战胜众敌，还得靠学问。"

于是，他猛然在学习上用起功来。无论有多大的困难，他也不求助于人，总是独来独往，凭自己的力量单干。这样，升入二年级后，东条英机的学习成绩好了起来。

在地方陆军幼年学校的3年岁月里，东条英机一直以那些为日本天皇东征西杀、横行侵略的"荣立战功"的武士道军官为自己学习的楷模。

经过3年严格训练之后，1902年9月，19岁的东条英机升入了陆军中央学校。

1904年，震惊世界的日俄战争的战火在中国的领土上燃烧。日本举国动员，加紧扩军备战，东条英机跃跃欲试，趁机又进入了向往已久的日本士官学校"深造"。

士官学校是日本帝国主义培养反动高级军官的摇篮，兴起于明治维新时期。士官学校的《军人训诫》强调忠君思想为军人精神之本。学校实行奴化教育，除了有关军事课程以外，还竭力向学生灌输军国主义毒素，培养武士道精神。

甲午战争中，日军在旅顺制造的屠杀中国军民的惨案，及日俄战争中乃木希典发明的"肉弹"战术等，都是在野蛮的武士道精神培育下出现的。

与此同时，日本军国主义政府还对国民强制进行军国主义教育，企图把全国变成一座大兵营，把国民都变成"肉弹"，送到战争的前沿。甚至规定，每个将士在战场上临死前都要高喊"天皇万岁"。

随之，以士官学校毕业生为骨干的日本"皇军"实力很快膨胀起来。东条英机恰逢其时，成了从士官学校培养出来的一株毒草，他的思想深处充满了军国主义的毒素。

他对明治天皇所封的"圣将"——乃木希典尤为崇拜，并决心成为乃木式的将军，为日本帝国主义的侵略扩张建立"功勋"，并以此"光宗耀祖"，让自己的"英名"永世传颂。

东条英机所崇拜的乃木希典，原是日本陆军第三军司令官。日俄战争

中，乃木一味蛮干，置广大士兵生命不顾，强迫实施"肉弹"攻击，用鲜血和白骨为天皇制军国主义铺设了"胜利之道"，体现了明治天皇颁布的《军人敕谕》中宣扬的武士道军人不以生命为重的思想。

乃木踏着成千上万士兵的尸体，爬上了大将的高位，更对天皇感恩戴德。当明治天皇死去时，乃木和他的妻子也一道剖腹殉死。这就是东条英机所崇拜的"圣将"，这就是他心目中的楷模！

东条英机经过"刻苦"的学习和紧张的军事、政治训练，于1905年4月，从士官学校毕业了，毕业时被授予陆军步兵少尉军衔。

在离开士官学校以前，东条英机与全校300名学生在皇宫振天府前宣誓："要为天皇而死，要作天皇陛下的御盾，粉身碎骨心甘情愿！"以此激发武士道精神。

此刻，那"望子成龙"的父亲东条英教也异常激动，不断为东条英机摇旗呐喊：为天皇效忠的时候到了！从此，东条英机结束了军校生活，开始了法西斯军官的新生涯。

东条英机从士官学校毕业时，日俄战争已到后期。但他仍作为少数几个"幸运儿"分配到了前方，只不过没有亲身参加战斗就随军"凯旋"了。

回国后，东条英机曾做过几年下级军官，后利用父亲的关系进入陆军大学学习，于1915年毕业。其间先后担任过陆军省副官、陆军大学教官、陆军省整备局动员课长。

同时，他也在寻找为天皇荣立战功的机会。他和一些军国主义者竭力鼓吹向中国东北出兵，进而征服中国大陆，作为向东亚、南亚等地侵略扩张的基地。他的军国主义思想，是和当时日本政府的主张相一致的。

日俄战争后，日本帝国主义在中国东北的势力不断扩张。按"大陆政策"的既定步骤，日本一方面与东北军阀张作霖进行政治交易；另一方面又强迫当时卖国的袁世凯政府签订不平等条约，得寸进尺，实现其灭亡全中国的野心。

1914年，第一次世界大战爆发，英、法、德等西方列强积极参战，改变

◆ 日军装甲车

了列强在中国及亚洲的力量对比。

　　东条英机紧步日本军国主义"元老"们的后尘，叫嚷："对日本来说，现在是天赐良机。"日本军国主义于是趁西方列强应付大战的时机，阴谋扩张其在中国的侵略势力，推行"大陆政策"的狂妄野心，达到了登峰造极的地步。

残害进步人士的
"剃刀将军"

1929年爆发的经济危机很快波及了日本，加速了日本帝国主义武力侵略中国东北的步伐。日本一方面在国内疯狂镇压左派，另一方面加紧进行经济和军事上的准备。

在军事方面，东条英机作为参谋本部整备动员课长，积极协助，异常活跃，对侵略东北的行动进行了具体的部署。

本来，中国东北丰富的资源宝藏已成为日本垄断资本家掠夺的对象：鞍山供给铁，抚顺供给煤，从吉林、黑龙江的大森林取得木材。这样，日本每年从中国东北掠夺大量的重要物资。

此外，日本又大搞对外投资，在中国东北的外国资本中，七成以上是日本资本。至1931年年末，日本向中国东北投资总额达17.5亿日元，使东北变为日本帝国主义资本输出的重要场所。

所以，中国东北经济的荣衰与日本垄断资产阶级生死攸关。

而当时东北经济深受世界经济危机的影响，负有盛名的大豆、豆饼等农产品的出口额也显著减少。1929年大豆出口额为300万吨，至1930年则锐减至223万吨；大豆及其他农产品的价格也大为降低，从而引起了深刻的农业危机。

中国东北居民因遭受经济危机的打击而降低了购买力，使日本和中国东北的贸易大大缩减，同时也使"满铁"的收入严重下降，甚至第一次出现赤字。

"满铁"经营的不振、经济危机的打击，以及中国人民反日斗争的高

涨，更加使日本反动派感到恐慌。

日本帝国主义已经陷于严重的经济危机和政治危机的深渊之中。他们为了摆脱危机，寻找出路，并企图把东北变为镇压中国革命的据点和反对斯大林领导下的社会主义苏联的前沿阵地，便把侵略中国东北作为一个"救命符"，悍然走上发动"九一八"事变的大规模侵略战争的道路。

当时，日本进步势力反对侵略战争，但日本反动政府采用法西斯手段予以镇压，如以违反《治安维持法》而被起诉的，1929年有4000多人，1930年增至6000多人，1931年则达10000人以上。这反映了日本帝国主义需要用法西斯手段加速扩充军备和准备发动侵略战争的进程。

为了实现对中国的侵略，日本政府不仅大造舆论，而且在经济和军事方面加紧准备侵略战争。

早在1929年，日本就曾在京都、大阪、神户等地区举行大规模的国家总动员演习，训练如何在空袭下进行军需生产、保证军需品的调拨和运输。

日本政府又于1929年12月颁布了《产业合理化纲要》，1930年6月成立了临时产业管理局，1931年4月发布了《重要产业统制法》。通过这些措施，在许多工业部门强制建立卡特尔，加强国家对经济的控制，把国民经济纳入战争经济的轨道。

在军事方面，以东条英机的密友、关东军高级参谋板垣征四郎、石原莞尔等为中心，组织4次"参谋旅行"，秘密到长春、哈

恶魔下场

168

尔滨、海拉尔、洮南、山海关、锦州等地侦察情况，暗中制订侵占中国东北的作战方案。

身为参谋本部整备动员课长的东条英机，从中积极协助。据他们估计：当时整个东北约有25万中国军队，其中沈阳附近约有20000精锐部队，并拥有飞机、战车、兵工厂、迫击炮厂等，而关东军只有10900人，因此石原密谋"以寡制众"。

与此同时，日本军部也在策划侵占中国东北的方案。

经过这一系列精心策划和准备以后，日本帝国主义在1931年9月18日发动了对中国东北的突然袭击。

当天夜里22时30分，日寇按事先布置，以一小股工兵在沈阳城北东北军驻地北大营附近的柳条沟，用炸药炸坏了不足一米长的一段南满铁路路轨。日寇随即以此为借口，诬陷中国，并立即用事先从旅顺运来的大口径榴弹炮

1931年9月18日，日军侵占沈阳

猛轰北大营。翌日凌晨，日军占据北大营，同一天占领整个沈阳城。

在占领沈阳的同时，日寇还分兵几路攻打长春、四平、公主岭等地的中国兵营。9月21日占领吉林省省会和吉长、吉敦两条铁路。

22日，又侵占辽源四洮铁路。前后不到一周时间，除辽西以外，辽宁、吉林的大片河山已沦于日寇铁蹄之下。

同年11月，日寇侵占了黑龙江省；1932年1月2日占领了锦州，中国军队奉蒋介石之命全部撤至关内。仅仅3个多月的时间，美丽富饶的东北三省就被日本帝国主义吞噬了。

日本帝国主义占领中国东北后，东条英机等军国主义分子更加趾高气扬。为了给日本的殖民统治蒙上一块遮羞布，他们在东北导演了一个"自治""独立"的丑剧。

1932年2月16日，成立"东北最高行政委员会"，发表宣言，声称东北已脱离中国而"独立"，并决定成立"满洲国"，把日军从天津劫持去的早已被推翻的清朝末代皇帝溥仪抬出来"执政"。

9月15日，日本胁迫伪满签订《日满议定书》，用法律形式固定了日本强占的各项殖民特权。这样，日本就在整个东北地区建立了野蛮的惨无人道的法西斯殖民统治。

在侵略扩张活动中，日本法西斯势力起了极大的作用。形形色色的法西斯组织在经济危机的高潮中纷纷出笼。

法西斯分子在煽起侵略扩张的沙文主义恶浪的同时，竭力在日本建立法西斯军事独裁。他们不惜制造一系列暗杀、政变的流血事件，来推动国家的法西斯化。

1932年5月15日，一批法西斯军官发动政变，刺杀了当时的首相犬养毅，袭击了政府和政党的重要机关以及重要的金融机构。1933年7月，法西斯分子又搞了一次未遂的政变阴谋。

为了发动大规模的侵略战争，以东条英机等人为代表的日本军国主义者，积极鼓吹法西斯的"总体战"思想，大肆推行法西斯军国主义教育。他

们广为散布一个觊觎世界霸权的"八纮一宇"侵略扩张口号。

　　他们极力美化侵略战争，把它说成是"神圣事业""创造之父，文化之母"，并肉麻地吹捧法西斯军人为"国家之花"。

　　日本军事当局大肆宣传"武士道军人典范"及大军阀乃木希典在日俄战争中使用过的"肉弹攻击法"，即凭借武士道、"大和魂"以士兵肉体为"武器"，不计伤亡、死打硬拼的战法。他们还在少年中灌输法西斯军国主义思想。

　　在这样的年代里，东条英机充当了法西斯军国主义的急先锋，狂热主张侵略东北、吞并中国。

　　1933年，东条英机被晋升为陆军少将。同年11月，被任命为军事调查部部长，专门调查和镇压所谓"思想不轨"和反对法西斯军国主义的人。面对人民的强烈反战活动，东条英机进行了残酷镇压。

　　据不完全统计，1934年，日本军事调查部以"叛国"和"危害国家安全"等罪名，先后逮捕、枪杀了数以万计的进步人士。东条英机凭借其"卓越的战功"，赢得了"剃刀将军"的称号。

实施细菌实验的
罪恶元凶

东条英机作为关东军宪兵司令，为了实现日本帝国主义把东北建成侵华反苏的战略基地的构想，在"强化治安"名义下，以他的"剃刀效率"，依靠宪兵和警察的恐怖行动，残暴屠杀了大批东北抗日军民，欠下了中国人民的累累血债。

"九一八"事变前，日本派驻中国东北侵略军——关东军只有一个师团和6个独立守备队，共10000多人，主要驻扎在长春到旅大、沈阳至安东的南满铁路沿线。

伪满洲国成立后，溥仪与关东军司令官的秘密换文和《日满议定书》中都规定，伪满洲国的"国防和治安委诸日本"，所需经费由伪满负担，"日本国军驻于满洲国内"。这就为关东军盘踞伪满洲国披上了合法外衣。

关东军的任务，一是镇压中国人民的反抗；二是积极准备大举侵略中国和进攻苏联。

因此，关东军兵力不断增加。除原驻部队外，第二十师团、第八师团、第十师团、第十二师团、第六师团、第十四师团、第九师团、第七师团、第四师团、骑兵师团、第十六师团、骑兵第三旅团、装甲兵团等，都曾调到伪满洲国。人数最多时，关东军曾号称100万人。另外，由于伪满洲国内居住着数以百万计的日本人，因而关东军有相当大的预备力量。

此外，东条英机在东北设有庞大的间谍特务网。哈尔滨特务机关的正式名称是关东军情报部，它是对中国和苏联搞特务阴谋活动的中心。

这个中心把日本帝国主义的触角和耳目安设在四方。在长春、沈阳、大

连、锦州、承德、牡丹江、丹东、佳木斯、延边、兴安、齐齐哈尔、海拉尔等地，都设有哈尔滨特务机关的分支机构，从而构成了遍及全东北和察蒙的日本关东军间谍特务网。

反映日本帝国主义在东北实行法西斯高压统治的标志之一，是伪满洲国拥有庞大的警察队伍和警察机构。而这些机构和队伍是由日本大特务和浪人甘粕正彦一手拼凑起来的。

甘粕是东条英机镇压东北人民的主要帮凶和助手，他在当日本宪兵期间，曾因残酷镇压进步人士而臭名远扬。窜入中国东北之后，与关东军秘密勾结，积极参与了炮制伪满洲国的阴谋活动。伪满洲国成立后，他成了伪满的警察头子。

1932年3月1日，在伪民政部内设立"警务司"，甘粕任"警务司长"，

日军杀害中国百姓（雕塑）

而"警务司"是伪满初期的警察总部。各省设有警察厅，各县设有警务局，下设警察署和派出所，专门进行逮捕、侦缉和迫害抗日人员与进步人士的罪恶活动。

伪满特务中心保安局，是1937年在东条英机的直接指挥下，由关东军第三课的片仓衷和第二课的山岗参谋等人策划建立的。

其目的是与日伪军警的武装镇压和法西斯统治相配合，专门从事所谓"秘密战"，对外的主要目标是苏联，对内的主要目标是以中国共产党为首的民族抗日力量。这是一个与关东军宪兵队保持密切关系的完全秘密的特务组织。

该局设有庞大的地下网，特工人员都以秘密身份活动，并拥有极大的权限，可以对警察、关税、国道局、航空等部门下达业务上需要的指示。

保安局的所谓防谍地下组织，称为特谍班，即特别侦察班，他们都有伪装的秘密据点和进行迫害及屠杀的秘密监狱。

东条英机就是依靠这些军、警、宪、特力量，在中国东北地区进行了骇人听闻的"治安肃正"和烧光、杀光、抢光的"三光"政策。

所谓"治安肃正"，实质上就是对中国人民的"围剿"、屠杀和镇压。"治安肃正"的主要目标不只限于中国的抗日武装力量，而且对于手无寸铁的一般平民百姓也大施淫威，进行惨无人道的屠杀和迫害。

1932年9月15日夜，辽宁民众抗日救国自卫军途经平顶山，袭击日本霸占经营的抚顺煤矿，杀死了杨柏堡矿长日本人渡边宽一，带走了大把头郑辅臣，然后撤出。

驻抚顺日军守备队随即报复，16日下午，包围了平顶山村庄，伪称给老百姓照相，连欺带逼，挥舞刺刀把全村男女老少赶到村西南的洼地里。这时在汽车上和山坡上早已布满了机关枪，人群刚刚站定，机枪就从四面八方扫射过来。

屠杀持续了整整一个小时，尸横遍野，有的人在呻吟、蠕动，日本强盗又用刺刀挨个捅死。然后，他们又用二三十桶汽油把全村700多座房子烧毁，

屠杀了3000多名矿工和平民百姓。

日本法西斯强盗犹嫌不足，随后又到平顶山附近的栗家沟屠杀了130余人，在东西两个千金寨屠杀了几十人。第二天，守备队为了掩盖罪行，将平顶山被害群众尸体全部烧掉。这可以说是"治安肃正"和"三光"政策的一次初演。

1936年，关东军参谋部炮制了《治安肃正三年计划大纲》，妄图在3年之内消灭一切抗日力量。

这一计划是以中国共产党领导的抗日联军为主要目标，并且首先在抗联活跃地区东边道一带付诸实施，总兵力有16000多人。讨伐部队与当地日伪军警配合，轮番扫荡，使当地居民遭受了极大的灾难。

同年7月，驻柳河县大荒沟的日本守备队中山大尉的部下到白家堡子及横虎头进行"讨伐"，途中被抗日武装击毙11人。

中山闻讯后，亲自指挥守备队把白家堡子周围方圆25千米划为"通匪区"，在这个区域内，遇人就杀，见房就烧。这一次共屠杀和平居民360多人，最后用9个大坑掩埋了尸体。

从1937年起，日伪军的军事镇压转向以伪三江省为主。

这是因为自1936年抗日联军成立后，这个东北地区的东北角成了抗联第三军至第十一军的活动地区。特别是"七七"事变后，抗联更加活跃，给侵略者以很大打击。

于是，以植田谦吉为司令、东条英机为参谋长的关东军，制订了大规模的讨伐计划。参加的军、警、宪、特达30000多人。侵略军所到之处，实行惨无人道的"三光"政策。

同时，由于日伪军实行步步为营、篦梳山林的残酷围剿，抗日联军遭到很大损失，陷入了极端困难的境地。

日本法西斯强盗不仅通过"清剿讨伐""归屯并村""三光政策"屠杀抗日军民，而且还通过灭绝人性的细菌试验毒杀中国人民。

"九一八"事变不久，日本陆军省和参谋本部就在我国东北建立了由关

东军领导的细菌实验所。该所由日本著名细菌战专家、日本军医中将石井四郎主持。

1932年至1933年，石井在黑龙江省肇东县满沟和五常县背荫河进行细菌研究工作。

1935年至1936年，关东军在东北设立了准备进行细菌战的两支秘密部队，一支为"关东军防疫给水部"，一支为"关东军兽疫预防部"。

1941年6月，苏德战争开始后，两支部队分别密称为"第七三一部队"和"第一〇〇部队"。前者由石井主持，后者由若松主持。而关东军第六五九部队则是这两支秘密部队的对外总称。

第七三一部队驻在距哈尔滨市20千米的平房一带，建有庞大的军用市镇，其中设有许多办公室和实验室，储存大量原料。周围划有禁区，严守秘密。部队占地超过7.5平方千米，拥有3000多名工作人员。

第一〇〇部队设在长春以南10千米之外的孟家屯，也拥有大量房舍、特种设备和大片土地。这两支部队分别配有由关东军各部队和各兵团指挥的支队，主要任务是在战争中实际使用各种细菌武器。

第七三一部队培养的细菌有：鼠疫、霍乱、坏疽、炭疽、伤寒、副伤寒以及其他细菌。

在研制过程中，不仅使用动物，而且用活人进行实验。为此，还专设有可容纳三四百人的内部监狱。此部队还专门制造散布细菌的特种武器，如自来水笔式和手杖式投掷器、瓷质飞机弹、石井式飞机弹等。该部队生产细菌的设备，规模庞大，按生产设备和生产能力来说，每月能培制出300千克鼠疫细菌。

第七三一部队用活人进行实验，是由关东军参谋长东条英机正式批准的。一个亲自进行这种灭绝人性实验的战犯，供述了一次用活人进行伤寒病传染实验的情况。他们预先准备了一升投有伤寒病菌的甜水，然后把这一升甜水用普通水冲淡，分给大约50个中国"犯人"喝了。

这些人都是战俘，其中只有少数几个人事先受过预防伤寒的注射。遭受

实验而发病的这些人，被严格看管，进行观察，而且为了保密，部队工作人员通常把被残害的人称为"木头"。

第七三一部队还进行类似战斗环境的野外活人细菌实验。他们借助电流爆炸细菌弹，使被实验的人被弹片炸伤，受炭疽热的传染。

日军还采用同样的办法进行鼠疫病菌和坏疽菌的实验。凡采用这种办法实验坏疽菌的中国战俘，经受一周的痛苦折磨后全部死去。为了研究治疗，有的人被接二连三地进行实验，直至死亡为止。

实验的目的在于使用。日本帝国主义所进行的细菌战争危害极大，遗患无穷。

1937年和1938年，在伪兴安北省蒙古族部落里发生了严重的鼠疫。1940年，在伪兴安北省三河附近发生3例炭疽。

1940年夏，石井四郎亲自率领一支特别细菌远征队到华中战区，在宁波一带用飞机散布鼠疫。1941年，该部队再次派远征队到华中常德，从飞机上撒播了传染鼠疫的跳蚤。

1942年，当日本侵略军从华中某战区退却时，第七三一部队又进行了一次细菌战的远征。这些都和日本细菌部队的活动有关，致使成千上万的人死亡，给中国人民造成了难以估量的重大损失。

东条英机在残酷镇压东北抗日军民的同时，还梦想着向关内扩张。他曾派遣特务去内蒙古策划独立，诡计不成，又策划伪蒙军队进犯绥远，结果遭到绥远军民的沉重打击。然而，他的扩张野心并未就此收敛。

1937年6月，他在写给日本大本营的奏折中说："从准备对苏联作战的观点来观察目前中国的形势，我们相信：如为我武力所许，首先对南京政权加以一击，除去我背后的威胁，此最为上策。"

东条英机认为，尽早对中国发动大规模入侵是"上策"，就是妄图一举吞并全中国。

鼓噪对外侵略的
战争魔头

　　1937年卢沟桥事变之后，身为关东军参谋长的东条英机认为大举西侵的机会已经到来，就迫不及待地率领一支关东军精锐兵团扑向山西，一个月后，占领了大同。

　　攻占大同之后，东条英机马上命令向太原发起进攻。他们在占领平定县城后，继续烧杀抢掠，肆意强奸妇女，同正在南京疯狂杀戮的日寇展开了杀人竞赛。

　　东条英机兵团进攻之神速，深为日本天皇和法西斯头目所赞赏，被称为关东军的"闪电式作战"，东条英机因此获得了日本政府的第一张"战功奖状"。东条英机踌躇满志，反动气焰更为嚣张。

　　1937年11月，日本同德、意法西斯签订了"防共协定"，法西斯轴心国侵略集团正式形成。三国拟订了加强合作以对付苏联的基本方案，同时决定寻找机会向苏联挑衅，以试探一下远东苏军的虚实。

　　1938年7月30日，日本蓄谋已久的军事行动开始了。日军一个营抢占了临近中苏边界的张鼓峰以北的沙草峰。苏方于8月5日奋起反击，激战5天，将日军全部击退。日军损失严重。

　　东条英机是张鼓峰事件的鼓吹者和阴谋策划者，向苏发动进攻，是他梦想多年的愿望。张鼓峰挑衅的失败并没有使他甘心，几个月以后，在日本"陆军管理事业恳谈会上"，他发表了一篇所谓"爆炸性"演说。

　　他疯狂叫嚣要确定"对苏中两国同时正面作战"的紧急任务："今后由于面临准备对苏中两国同时进行武力作战之必要，必须倾注人马资财之全

178

力以建设新军备。"他强调："今后一个时期要排除所有障碍，向军备之充实、军需生产之飞跃扩充以及基础生产力之扩充而迈进。"

东条英机的"爆炸性演说"发表之后，立刻在日本经济界和舆论界引起轩然大波，一些地方的股票一齐下跌，他被人们咒骂为"战争魔王"。

但不管是在张鼓峰的碰壁还是本国人民的咒骂，都未能使东条英机放弃进攻苏联的念头。

1939年5月，他又在中国东北的中蒙边境制造了诺门坎事件。然而这次军事挑衅，日军失败得更惨，共计伤亡50000多人，损失飞机200架，火炮损失达72％。

这次失败好比当头一棒，震碎了东条英机妄图向苏联扩张的美梦。日本法西斯开始考虑在北方对苏联"保持静谧"，转而集中力量向南方寻找出路。

北进失败使得日本更加迫切地企图在中国战场"速战速决"。然而，由于中国人民的顽强抵抗和在华兵力的严重不足，日寇被迫由战略进攻转为战略相持阶段。战争形势的变化，使得日军本部再次改变对华政策。

1938年7月，日本召开五相会议，提出"把民族矛盾引向主义的对立"。日本一方面加紧对国民党的诱降活动，一方面变本加厉地镇压中国共产党领导的抗日民族运动。在这一背景下，东条英机等人提出对抗日根据地进行残酷"扫荡"。

1940年，德国法西斯横扫欧洲，极大地鼓舞了日本法西斯政府。日本妄图打通粤汉路和湘桂路，进攻昆明、西安、重庆，迫使国民党政府屈服。面对日军的嚣张气焰，中国共产党领导的八路军毅然发动"百团大战"，迫使日本陆军更换华北军团司令官，沉重地打击了日本的扩张野心。

在内外交困的形势下，日本政府再次更换内阁，由近卫文麿出任首相。近卫文麿是一个十分有特色的人物。他出身贵族世家，却标榜亲近平民；口口声声向往和平，却是对华大规模战争的主谋和决策者。

近卫组阁，首先看中了有着侵华战绩和具有"剃刀将军"之称的东条英

机。在近卫的推荐下，东条英机被任命为陆军大臣，爬上了陆军最高统帅的交椅。

新首相和大臣们果然默契，刚组阁4天，就抛出了建立"大东亚新秩序"的新国策。对内实行全国总动员，对外密谋与德、意签订同盟条约，通过外交欺骗保持美、苏的中立。

在此基础上，日本集中力量进军东南亚，趁英、法无暇东顾之际，攫取他们在这一地区的殖民地。

在这一国策的指导下，1940年9月27日，日本、德国、意大利同盟条约建立，日本正式把自己牢牢绑在了法西斯战车上。

东条英机就任陆军大臣，成为左右日本政局的实力派人物绝非偶然。

早在明治维新时期，日本政府就把占领亚洲、称霸世界作为基本国策。在以后的历史发展中，新兴资本主义的扩张欲望和封建的武士道精神交融混合，使得日本举国上下都把侵略和扩张当成天经地义的神圣职责。

至20世纪初叶，随着经济危机和国内、国际矛盾的加剧，对外扩张的暗流急剧扩大和显现，终于成为日本政治的主流。

20世纪30年代以来的历次暴力暗杀，连内阁中的高级成员都难免一死，就是最有力的证明。而东条英机等人的平步青云，恰恰从另一个侧面证明了这一潮流的力量之大。

作为一名老奸巨猾的政治人物，东条英机对为官之道十分明了。他知道，侵略、扩张、效忠，既是日本国运所系，也是自己奋斗的"神圣"事业。在这样的信念面前，任何有碍日本对外扩张的人，甚至任何与自己见解不同的人，必须毫不客气地予以清除。

东条英机的第一障碍目标是外相松冈洋右。

松冈是一个乖戾的、富有传奇色彩的人物，办事机智伶俐，却又浮夸外露，有"五万言先生"之称。

近卫首相任命他为外相，实际上是看中了他口若悬河的外交口才，想以此掩盖日本侵略扩张的野心。然而这位自命不凡的外交大臣却经常自以为

是，在许多重要决策上给内阁添麻烦，特别是与陆相东条英机常有抵触。

1940年5月，希特勒横扫欧洲的消息传到日本，东条英机大喜。他认为，希特勒打败英法，正好给日本掠夺战略资源提供了良机，因此，应当立即出兵占领东南亚。然而，松冈却极力反对。

1941年6月，希特勒悍然发动对苏战争，日本军国主义分子摩拳擦掌，跃跃欲试。

东条英机却敏锐地发现，德国打败苏联绝非一

松冈洋右

件轻而易举的事情，加上两次进攻苏联受挫，日本绝不能"北上"，而应当趁机"南进"。然而，富有煽动力的松冈到处游说，反对南进，力主进攻苏联。

东条英机对此十分恼火。在东条英机的策划下，近卫内阁于7月16日集体辞职，但在第二天又重新组阁，能言善辩的松冈便被排除在内阁之外。新任外相丰田贞次郎立即执行东条英机的主张，几乎不费力气就迫使法国维希政府同意日军和平开进东南亚地区。

入侵东南亚虽然为日本国内注入了一支高效兴奋剂，促使外扩潮流再掀高潮，但也由此惹恼了英、美等国。本来，以美国为代表的西方国家抱着各自的政治目的，企图用日本扼制苏联和中共的不断壮大，而对日本实行所谓

的绥靖政策。

日本的南进政策使得美国如梦初醒，突然感受到严重的威胁。于是，美国决定给日本点颜色看看。

1941年7月26日，美国总统罗斯福下令，停止一切日美贸易，冻结所有日本在美资产，并对日本实行禁运。随后，英国、中国、荷兰也相继采取了类似的措施。这一举措使日本遇到了前所未有的困难。

是否与美国针锋相对、斗争到底，近卫文麿心中没有底。他召来了海军联合舰队司令长官山本五十六，想了解日本到底能不能与美国抗衡。

山本五十六早年曾出使美国，对于美国强大的工业基础了如指掌。他在分析了日美的实力后，对近卫说："如果在一年或一年半内能够结束，则有希望取胜，如果时间再长的话，那么就没有把握了。"

这实际上是说，日本海军只能撑一年半的时间。近卫听后十分恐慌。第一次组阁时，他向天皇保证半年就解决"中国问题"，至今拖了三四年依然毫无进展。近卫犹豫了，这位首相，在是否与美国为敌的问题上开始退缩。

8月4日，近卫召见陆相东条英机和海相及川，说出了自己要与罗斯福举行会谈，争取和平解决争端的想法。

东条英机闻听十分生气，他极力说服近卫，不要对和平谈判抱有任何幻想，解决问题的出路只有一条，就是要打，与美国开战。然而，近卫仍然没有信心。东条英机认为，近卫实际上已经成为实现日本帝国和自己事业的绊脚石。

东条英机下定决心：搬掉他。

于是，从1941年9月开始，东条英机便采取了一系列的行动。他先是唆使自己的亲信利用各种场合反对近卫的和谈主张，继而在9月18日暗中纵容对近卫首相进行人身袭击，同时，大骂海军"推卸责任，是懦夫行为"。

10月14日，近卫再次会见东条英机。近卫建议东条英机在撤军问题上做做样子，要谨慎行事。

但东条英机已经下定决心，迫使近卫辞职。他在内阁会上大声宣布：

第二次世界大战主要元凶

“关于撤军，我坚决不会让步！”又向主张和谈的海相大发雷霆。近卫及一班阁僚呆若木鸡。

在东条英机的威逼之下，仅仅过了数小时，近卫就提出了辞呈。

近卫的倒台，实际上成了东条英机上台的铺路石。在陆军操纵政局的形势下，除了东条英机，谁还能稳住政局？连世袭贵族，与天皇关系亲密，而且势广权重的近卫都不行，别人哪敢问津？

因此，尽管许多人反对，尽管宫内大臣对东条英机不太满意，天皇和重臣们还是下令由东条英机组阁。

这个从小立志做将军的战争狂人，终于踏着无辜者的尸骨，爬上了日本政府最高统帅的宝座，同时被授予陆军大将军衔。

11月18日，57岁的东条英机宣誓就任首相，兼任内务大臣、陆军大臣和“对满事务局”总裁。

批准实施
偷袭珍珠港计划

东条英机担任日本首相，引起了日本国内外人士的密切关注。

军国主义分子欣喜若狂，宣称这个抉择将鼓舞日本"起来对付紧急局面并给予反对轴心国的诸强国以巨大打击"；一切爱好和平的人们对其嗤之以鼻，担心其将日本拖入更深的灾难。

东条英机在猎取了首相的高位之后，同时身兼陆军大臣和内务大臣的要职。

他签署的第一道命令，就是逮捕世界著名的反法西斯英雄、苏联谍报员佐尔格以及日本进步人士、原首相近卫的私人顾问尾崎秀实，并残酷地杀害了他们。与此同时，他还下令逮捕和枪杀了众多的日本反战人士，以便为南进扩张扫除后顾之忧。

为了尽快实行南侵计划，东条英机连续召开军政首脑会议，反复研究策略。当时，日本海、陆军头目南进之心极为迫切，要求内阁立即作出决定。

参谋总长杉山说："不能再花四五天时间去研究了，必须速决！"

这种求战情绪正合东条英机的心意。但他故意装腔作势地说："我能理解最高统帅部为什么紧催，不过政府还是要小心地、负责地把问题研究一下。"

在同美国是开战还是谈判的问题上，东条英机提出3种方案，让僚属裁决：一是即使蒙受巨大困苦，也要避战；二是立即决定开战；三是在继续谈判的同时，做好必要时开战的准备。

最后决定采取第三个方案：一方面继续谈判，一方面备战，通过玩弄外交骗局给日本带来军事上的好处。

东条英机一面派遣特使去华盛顿谈判，一面在国内进行战备动员。他竭力强调南进的必要性和绝对性。

他对政府重臣说："美国没作一点让步，只是向日本提出强硬要求。"

他说，与美国最重要的争论是中国的驻军问题。当他谈到这场令人沮丧的侵略战争时，还动了感情："我们派出了百万大军，付出的代价是数十万人的伤亡，家庭失去亲人的悲伤，历时4年的苦难，还花了几百亿日元。"

他认为，如果把军队撤出，日本就将失掉"满洲"、朝鲜和台湾。因此，他宁愿冒剖腹自杀的危险，也要把这场战争打下去。

为了推卸扩大战争的责任，他在国会上发表演说，强调日、美谈判成功与否取决于美国："美国不得干涉日本对中国事件的解决"；不应对日本"实行直接武力威胁"；应该取消封锁；应尽力使"欧战不蔓延至东亚"。

又要侵略扩张，又要寻找借口，这就是东条英机的逻辑。

日、美谈判的结果很快传到东京。美国提出的"和平解决"的条件是：日本从中国和印度支那撤出全部海、陆、空和警察部队，废除德、意、日三国同盟条约。

东条英机收到这一电报，顿时暴跳如雷，他咆哮道："'满洲'是用巨大的血汗代价得来的，失掉'满洲'就意味着经济上大难临头！"

说完，他立刻责令海军大将山本五十六尽快实施以"Z"命名的对美作战方案，即偷袭美国太平洋海军基地珍珠港的计划。东条英机要求海军必须尽快确定前往出击地点的航线。

就在山本认真考虑偷袭珍珠港的同时，东条英机又命令侵华部队中的3个师进行热带作战训练，准备进兵东南亚。

厉兵秣马之际，东条英机再度进行战争动员。他主持召开了临时议会，在会上发表"慷慨激昂"的演说，说英、美阻碍日本帝国事业的发展，号召国民精诚团结，节衣缩食，用实际行动来支持战争。

他强迫议会通过了追加38亿日元临时军费预算方案。他大声疾呼，现在已经到了紧急关头，全体军民都要为完成"大东亚共荣圈"而奋斗。

偷袭珍珠港，给美国太平洋舰队以毁灭性的一击，这是东条英机早已下定的决心。但是紧锣密鼓备战之际，日本特使仍在华盛顿同美国维持着谈判局面。这正是东条英机的障眼法。

随着战争的逼近，日本统治集团内部的分歧也越来越尖锐。一些大臣仍然不相信日本会轻易取胜。这种悲观情绪使东条英机甚为恼火。

他在一次军政高级官员联席会议上说："请相信我们的话，我们有能力占领东南亚，并取得足够的石油。"他加重自己的语气，力图使人们深信。

日本只能扩大战争，此外别无他路。他振振有词地说："我们不能向英、美低声下气，在中国事变中，我们已经丧失16万人，还有200多万人在吃苦头。不能再吃苦头了！如果再这样连续几年下去，连打的机会都捞不着了。我们已经丢失了不少宝贵的战机！"

尽管仍然有人反对向美国开战，但东条英机斩钉截铁地说："日本的兴衰完全由神决定了。"而日本天皇就是神的化身，最后，东条英机恳请天皇批准开战。

他说："日本帝国正处于光荣和败亡的十字路口。如陛下决定开战，我们定将竭尽全力以报效皇恩。政府与军方更要紧密地团结，举国一致，确信必胜。"就这样，日本天皇裕仁终于批准了进兵东南亚的罪恶计划。

就在天皇批准开战3小时后，山本五十六向进攻珍珠港的部队发出密令："按原计划11月8日发起攻击"。

1941年12月7日黎明，日本联合舰队按照东京大本营的命令，向美国太平洋舰队基地珍珠港发动了突然进攻。

至9时45分，袭击结束，美国海军基地遭受重创：18艘舰只被炸沉或严重炸坏，188架飞机被毁，195架飞机被炸坏，美军死亡2400人，重伤和失踪2200多人。

日本取得偷袭珍珠港的成功后，东条英机政府却贼喊捉贼。

12月8日，东条英机政府又发表声明说："盖确保东亚之安定，贡献于世界和平，乃是帝国既定的国策。""东亚之安定与帝国的存在正濒临危殆。事已至此，遂颁发对美国及英国宣战之大诏。"

先进攻，后宣战，偷袭了对方，再编出理由，东条英机可谓煞费苦心。

鼓噪建立
"大东亚共荣圈"

日本偷袭珍珠港是为夺取西太平洋扫除障碍。在1941年12月8日这一天，同时也对东南亚发动了进攻，随即占领泰国。日军侵入泰国之后，东条英机政府立即将同盟条约强加在泰国头上，将泰国绑在日本的战车上。

1942年年初，日军攻陷了马来西亚首府吉隆坡，随后又占领新加坡。

东条英机对在短时间内取得一连串胜利欣喜若狂，授意报纸大张旗鼓地宣传这次胜利。

《朝日新闻》的大标题是：

大东亚战争大局已定：短短三天内政府攻下新加坡岛，只有我神武皇军才能立此殊勋

扩张阴谋得逞，东条英机政府的胃口也越来越大。东条英机开始谋划如何统治被占领国。他对内阁僚属说，缅甸和菲律宾可以允许其独立，但香港、马来西亚、新加坡必须在日本的直接控制下，作为保留"大东亚共荣圈"的直接据点。

他说："太平洋战争之目标，源于我帝国之基业的远大理想，它将使大东亚各国家各民族各得其所，以日本为核心在道义的基础上确立共存共荣之新秩序。"当下，东条英机命令各地日军向既定的侵略目标急进。

日本侵略军犹如闯入羊群的豺狼，一时间在太平洋上横行无忌。

从1941年12月初至1942年5月上旬，泰国、香港、马来西亚、菲律宾、

第二次世界大战主要元凶

荷属东印度、缅甸以及太平洋上一些有战略意义的岛屿和城市，先后沦于日本法西斯的铁蹄之下。日寇在不到6个月的时间里就侵占了300多万平方千米的土地，人口达1.5亿，可谓创造了日本东方侵略史上的"奇迹"。

面对这一巨大胜利，东条英机乐不可支。他决心与希特勒建立的"欧洲新秩序"密切呼应，迅速建立"东亚新秩序"。

东条英机所要建立的"新秩序"，就是对占领区人民进行奴役、掠夺和屠杀，使其老老实实地为日本法西斯战争服务。

1942年1月，东条英机在国会演说中叫："大东亚战争的关键，一方面在于确保大东亚的战略据点；一方面在于把重要资源的地区收归我方管理和控制之下。由此扩充我方的战斗力量，同德、意两国紧密合作，互相呼应，更积极地展开作战，一直打到使美、英两国屈服为止。"并提出"战争即建设，建设即战争"的法西斯口号，暴露了"新秩序"的掠夺与剥削的内容。

随后，东条英机政府作出了所谓以"日本、满洲、中国及西南太平洋地区为资源圈"和以"澳洲、印度等地方为补给圈"的决定，并制订了资源掠夺计划。按着这一罪恶计划，东南亚的各种物产被源源不断地运往日本。

日本在太平洋上的扩张取得一连串的胜利，日本海军将领更加趾高气扬，他们的侵略野心恶性膨胀，向政府提出质问：为什么不能对澳大利亚、夏威夷和印度发动攻势？到现在为止，在征服整个东南亚的过程中，海军损失很小，因此这些战争狂人忘乎所以。

海军的狂想正中东条英机的下怀，他马上代表内阁和大本营向天皇启奏："必须在国力允许的限度下，抓住现在的战机，继续扩大已有的战果，在政治上和军事上造成长期不败的局面，同时迫使美、英经常陷于消极防御地步。"

向哪里扩大战果呢？东条英机认为，澳大利亚可能被美、英用作反攻基地，因此必须破坏它同美、英的关系，断绝其海上交通。当下，日本决定占领澳大利亚与夏威夷之间的一些岛屿和港口。

于是，日本海军向新几内亚的重要海空军基地莫尔兹比港发动进攻。但

189

出师受挫，作战计划只好无限延迟。

在珍珠港被袭击之后，美国打算尽快轰炸日本本土以进行报复。

1942年12月18日中午，美国轰炸机首次飞抵日本上空投下了炸弹。

这次空袭造成的物质损失不大，但在心理上震动了高傲的日本军国主义，朝野上下一片恐慌。东条英机等人恼羞成怒，决定向檀香山西北的中途岛发动进攻，以示报复。

在中途岛战役中，日本再度玩弄诡计诈术，想迷惑美国。但是美国海军

▼ 日本炮制伪满洲国签字仪式

司令部通过其情报处，将日本的一切了解得一清二楚。结果这次战役日本遭受惨败，损失大型航空母舰5艘、重型巡洋舰1艘、飞机400多架，兵员损失3500人，而美国的损失则少得多。

中途岛惨败的消息传来，东条英机如遭惊雷轰顶，一下子被震懵了，他极力镇定着自己，颤声对参谋长说："切勿把这一消息泄露出去，要绝对保密。"

次日，东条英机晋见天皇，对中途岛失利之事只字不提。后来中途岛战

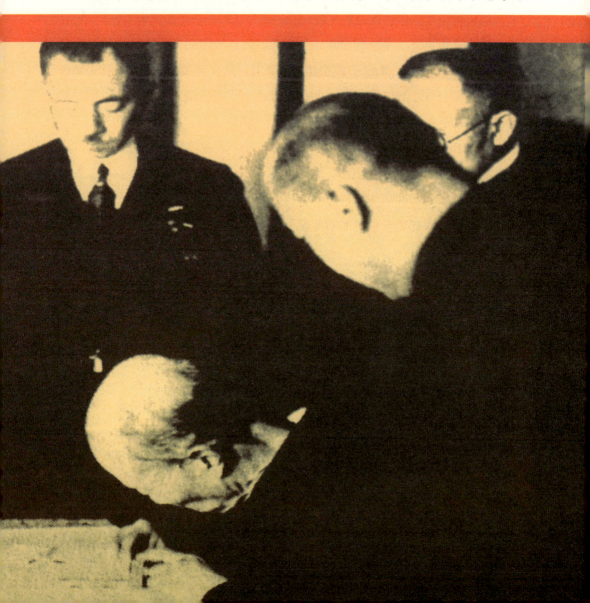

役的幸存者返回日本时，也都被隔离起来，唯恐其向社会上泄露真情。

中途岛战役的真相既未告诉公众，也没有告诉那些高级官员。中途岛战役结束几天之后，东京大本营在东条英机的授意下宣布，日本终于"确保了在太平洋上的皇威"，这场战争"确系一战而定全局"。受了蒙骗的东京市民还张灯结彩欢庆了"胜利"。

打肿脸充胖子，是东条英机的又一伎俩。然而，把打掉的门牙硬往肚子里吞，那滋味毕竟是不好受的。

继日本海军在中途岛遭到重创之后，日本陆军又在瓜岛严重受挫。

瓜岛在太平洋上的战略位置十分重要。日、美两国军队在这个岛上进行了长达半年的较量，最后日本惨败。日本海、陆、空军在瓜岛丧生50000多人，而美军仅阵亡1600多人。从此，日本在太平洋战场上开始逐步退缩，完全丧失了战略主动权。

1943年4月，日本联合舰队司令官山本五十六被美国空军击毙，这好比雪上加霜，使东条英机的心又凉了一截。

但是东条英机并未由此联想到自己的末日，反而就山本之死大做文章。他指令宣布"国民战斗精神的刺激剂"。山本被隆重安葬，但东条英机仍然"悲愤"不已。

在太平洋战场上的连连失利，使东条英机坐立不安。

在此危急情况下，天皇又召见了他，表示对局势"严重关切"，这更令东条英机震动。他连忙派人去向陆军参谋本部询问"打算在哪里堵住敌军"，但得到的回答是"无论是海军还是陆军都不可能定出堵住敌人的计划"。这使东条英机更是苦恼。

他冥思苦想，竭力寻找摆脱困境的出路，最后认为实现其政治目标的主要工具仍然是"大东亚共荣圈"。

东条英机决定在这上面大做文章。他盘算着，当前对日本占领区，需要进一步贯彻"怀柔政策"，给予某些国家以假独立，诱使他们和日本"团结合作"，实行"以战养战"，共同抵御盟国的反攻。

192

　　他想，若要从中国和其他被占领国家取得丰富的人力物力资源，必须把苏州、汉口和天津的日本租界归还汪精卫伪政府，并洽谈签订新的条约。与此同时，给予缅甸、菲律宾某种程度的"独立"，尽量改变日本在亚洲人民心中的形象。

　　按着这一设想，东条英机亲自出访东南亚。在那里，他继续大讲"亚洲是亚洲人民的亚洲"；要把亚洲"解放出来"，给予"政治自由"。

　　一个月后，东条英机的许诺相继"兑现"，先是缅甸被宣布为"独立的主权国家"，接着宣布菲律宾"独立"。而这两个国家的元首，都是日本物色的忠实奴才。

　　11月初，东条英机在东京召开了"大东亚会议"，缅甸、泰国、菲律宾、伪满洲国和汪精卫伪政府都派代表出席了会议。

　　在会上，东条英机重申"大东亚共荣"的老调，奴才们大献殷勤，积极捧场，争相颂扬东条英机创造的"伟业"。东条英机巧妙地操纵着整个会议的进程。

　　然而，东条英机并未高兴多久。就在他搜罗残兵败将举行傀儡会议前后，苏、美、英三国先后在莫斯科和德黑兰举行了三国外长会议和首脑会议。

　　在三国首脑会议上，通过了"霸王行动"作战计划，决定美、英军队大约在1944年5月1日在法国北部登陆，进攻德国心脏地区，并在德国垮台以后12个月内击败日本。

　　三国首脑会议的消息传到东京以后，日本统治集团的头目们真是又惊又怕，东条英机隐约感到，"大东亚共荣"的迷梦是做不成了。

在东京巢鸭监狱
被处以绞刑

1943年，全世界反法西斯战争进入了战略转折阶段，苏联红军大规模西进。

在西欧战场，盟军控制了地中海，德国本土正遭到空袭；在中国，抗日根据地军民胜利粉碎了东条英机推行的"治安强化运动"；在太平洋战场，自中途岛战役之后，日军转攻为守，盟军开始了局部反攻。上述形势已经预示着法西斯末日即将到来。

但东条英机困兽犹斗，他要重新规划日本在太平洋上的战略行动，他要拼力挽救即将倾覆的帝国大厦。

1943年9月30日，东条英机在御前会议上宣读了他的战略计划："为了完成帝国的战争，在太平洋及印度洋方面，包括千岛群岛、小笠原群岛……缅甸这一圈子，应该为绝对确保的重要地区。""从战争开始到结束，要确保国内的海上交通。"

东条英机十分清楚，海上通道一旦被掐断，就等于人被扼住了气管和食道，日本这个岛国就将因为资源匮乏而解体。因此，他命令不惜一切代价要保证海上交通顺畅。

与此相对立，美国也在寻求打败日本的途径。美国认为，打败日本的关键，就是"通过太平洋全面作战，南北两翼进行支援"。按着这一方案，美军接二连三地攻占了日军占领的马绍尔等岛屿，严重打击了日本海军、陆军的军事力量。

日本在太平洋上相继失掉一些具有重要战略意义的岛屿和港口，这使东

第二次世界大战主要元凶

条英机十分震惊。

东京电台惊呼："战局变得如此严重，而且空前激烈。敌人作战的速度表明，进攻的力量已经威胁到我们头上来了。"

东条英机决心扭转危局。

他认为，在这种情况下，制止盟军进攻和一举改变局势的唯一办法，就是进行决战，在决战中消灭对方。于是，他指示海军省和陆军省一起研究这个问题。

但是，日本海、陆两军在形势日紧的情况下，内部矛盾日益尖锐起来，互相之间拼命争夺战争经费和战略物资，尤其是都想多得到一些飞机。双方的激烈争执使东条英机大伤脑筋。而此时，美军的攻势更为咄咄逼人。

在东条英机百思不得良策之际，其顾问官佐藤建议将日本的战线收缩，将军队撤到菲律宾，在那里设下最后的战场，与美军决一雌雄。

这种大规模撤退，东条英机认为参谋本部会反对，因而没有采纳佐藤的意见。但是受这件事情启发，东条英机产生了一个新的念头：如果自己接管了参谋部，那么今后推行军事决策不是就没有阻力了吗！他决定集军政大权于一身，以便独断专行。

于是他召来参谋总长杉山，建议他辞职。并且解释说：在此非常时期，最好由他本人兼陆相和参谋总长。

杉山抗议道："这是违反我国长期以来的传统的，不应一个人既作出政治决定又作出军事决定。斯大林格勒的灾难就是希特勒集军政大权于一身的结果。"

东条英机驳斥道："希特勒元首是兵卒出身，我是大将。"他要杉山放心，他对于军务和政务会给予同等注意。

杉山仍不退让，坚持说："说起来容易，但是，如果一个人负责两项工作，在两者利益发生冲突时，试问，你将重视哪项？另外，这也会给将来立下一个危险的先例。"

东条英机强硬地说："在这样一场史无前例的大战中，必须采取一切措

施，即使打破先例也要采取。"

杉山控制不住了，大声说："如果你这样干，陆军内部的秩序就无法维持！"

然而东条英机一意孤行，蛮横地说："如果谁反对，我就立即撤换他！"

第二天，东条英机解除了杉山参谋总长的职务，自己取而代之。他把首相、内相、陆相、参谋总长等4个要职集于一身。

东条英机大权独揽的专断行为，引起了日本统治集团的严重不安。

在一些上层"重臣"看来，日本的困境完全是东条英机领导不力的结果。因此，许多人主张解除东条英机的首相职务。他们认为，必须起用一位能与盟国进行和谈的人接替东条英机。

日军出动重兵打通我国大陆交通线（油画）

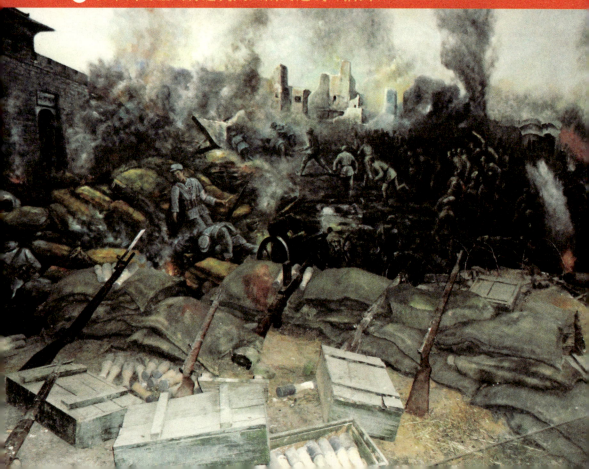

这时军队里也有人暗中为谋求和谈而活动。有的人甚至认为，只有把东条英机杀掉，赶快同交战国和谈，才能使日本生存下去。

就在这个时候，日本舰队和商船被美军击沉的日渐增多，特别是马里亚那之战，美国以较小的损失，击沉了日本3艘大型航空母舰，重创4艘航空母舰，击毁飞机近500架。

最后被视为日本本土屏障的马里亚那群岛完全落入盟军之手。美军突破这道"防护堤"之后就可随时直接袭击日本列岛。这下子，日本朝野惊恐万状，东条英机内阁遭到更猛烈的抨击。

东条英机政府为了摆脱太平洋战场上的困境，决定在中国大陆上找出路，即让平汉、粤汉及湘桂铁路恢复通车，经由印度支那保持日本与南洋地区的交通线。

东条英机将这个行动定名为"一号作战"，1944年4月下旬从黄河两岸发动攻势，至9月份实现战略计划。这是东条英机在中国大陆上发动的最后一次大规模进攻，所以称为"最后一战"。

日寇出动兵员50万、战马10万匹、汽车1万多辆、大炮1000多门、飞机200多架。从1944年4月中旬到12月初，日寇击溃了国民党部队五六十万人，夺取了平汉、粤汉、湘桂3条干线，占领150来个大中城市，从而打通了中国的大陆交通线。

但是，这并未能挽救日本法西斯灭亡的命运。事实上，日本占领的地方越多，包袱就越沉重，越处于被动挨打的地位。

日军虽然在国民党战场上得以顺利推进，但在共产党领导的抗日根据地战场上却一个接一个失利。

在1944年，仅山东的八路军就歼灭日伪军36000多人。对东条英机来说，这不仅是军事上的败北，也是政治上的失败。

随着战争形势的恶化，他日益成为日本朝野上下攻击的目标。有人称他为"东条英机天皇"，有人公开宣称："杀死东条英机！"

从表面看来，东条英机的地位似乎是不容置疑的，但实际上他的统治已

经处于崩溃的边缘。

自中途岛战役以来，日本的军舰损失不断增加，太平洋上的失地也日渐增多。

在日本国内，生产水平迅速下降，各种日用品大大减少，日本人民生活已经变得十分艰难。严重的形势助长了忧郁不安的情绪，愤恨、不满自然集中在头号战犯东条英机身上。

一些人开始筹划暗杀东条英机。

陆军反对派中的一伙人甚至议定了暗杀的时间和方式：在7月的第三个星期，在皇宫附近趁东条英机的汽车转弯放慢速度时，向他扔了一枚特制的氢氰酸炸弹。

东条英机在民怨沸腾的形势下，只好去找推荐他上台的宫内大臣木户求助。但是没想到碰了一鼻子灰。

木户对东条英机大权独揽的做法提出批评，并说："天皇本人也极为生气。"

这使东条英机万分懊丧。他对自己的顾问佐藤说："天皇对我已经失去信任，我只有辞职了。"

1944年7月18日，东条英机在内阁会议上用沮丧的语调说，他决定辞职。接着，他又狠狠地说，日本战败的责任必须由重臣和其他迫使他辞职的人来负。他说："我必须要求你们全体辞职。"

刚好是4年前这一天，东条英机当上陆相，不久以后又窃取了首相高位。那时，他曾向天皇发誓，要用东洋人的刺刀来征服中国，征服印度支那，征服东南亚，乃至征服全世界，好与盟友希特勒平分秋色。

正是在这种野心驱使下，他当上首相50天后就发动了太平洋战争，一鼓作气侵占了10多个国家和地区。

当时的东条英机是何等荣耀和不可一世！而今，落花流水春光去，"宏大"的抱负成了一场黄粱美梦，自己马上就要下台，这怎能不使他又羞又恼又气又恨呢？

东条英机递上辞呈，最后一次以首相的身份拜谒了天皇，无精打采地转回家中。随着东条英机的下台，一些准备暗杀他的计划也就自消自灭了。

东条英机辞职以后，日本先后由小矶国昭、铃木、东久迩亲王等人组阁。东条英机依然作为重臣，参与重要国事的商定。

东条英机是一个不甘寂寞的人，他绝不会就此退出历史舞台，不论遇到什么事情，总是要利用自己的身份和资历，出来兴风作浪，干预政事。

1945年年初，小矶国昭内阁同样在严重的国际国内局势面前发生危机，宫内大臣木户依照天皇意愿挑选新人选，东条英机居然代表陆军表示反对，结果遭到重臣们的一致抗议。

铃木贯太郎组阁以后，日本军国主义已经面临土崩瓦解之势，东条英机依然竭其所能，影响陆军中青年军官，煽动"宁为玉碎"，抵抗到底。他甚

东条英机受审

199

至在日本宣布无条件投降之后，还纵容下属发动政变，企图阻止发布投降公告书，重新掀起战争狂潮。

东条英机的一切努力无异于螳臂当车，丝毫阻挡不了历史前进的步伐。

1945年1月，日军在莱特战役中损失70000人。

3月，美军占领硫磺岛。

5月8日，德国法西斯无条件投降。

6月21日，美军占领冲绳岛，日本10万守军全军覆亡。

7月26日，波茨坦会议发表宣言，敦促日本无条件投降。

8月6日，美国在广岛投下第一颗原子弹。

8月9日，苏联百万红军向日军全线出击，毛泽东发表《对日寇最后一战》的声明。

8月15日，如瓮中之鳖、惊弓之鸟的日本政府促使天皇发表停战诏书，宣布无条件投降。

日本投降后，东条英机成为远东国际法庭的头号甲级战犯。

9月8日，盟军统帅麦克阿瑟下令逮捕首批被指控的40名战犯。为了掩盖自己的罪行，东条英机曾于8月12日偷偷与阿南和畑俊六串联，证明日本侵略是"自卫战争"。

9月12日，逮捕行动开始了。

东条英机这个头号战犯依然假装从容，镇静地坐在椅子上。墙上挂着他的大幅礼服照片和一张马来西亚虎皮。下午15时左右，记者们涌进花园，东条英机夫人带着侍女离开家门。因为怕东条英机自杀，她向他深鞠一躬，充满感情地请求"多多关照自己"。

东条英机夫人绕到对面房子花园里，看到自己家已经被军警、警察和新闻记者围得水泄不通。一位美国军官高喊："我们等的时间够长了！"

这时，屋子里传出一声沉闷的枪响。随后，人们破门而入。

只见东条英机没穿外衣，摇摇晃晃地站在一张安乐椅旁，鲜血染红衬衣。人们给他倒了杯水喝。

东条英机早就做好了自杀的准备，他让医生铃木在胸部标出心脏的位置，准确地扣动扳机，可是没打中心脏。

正义之神已经安排他接受人民的审判。

1946年，由陆军省办公楼改装的远东国际军事法庭开庭。东条英机两颊干瘪，双目无神地站在被告席上，身后是威严的刑警。

"你是否承认犯有发动战争罪？"

"这次战争实在是日本的自卫战争。"

"在中国的土地上杀害中国人也是自卫？"

"日本如同一个18岁的青年，穿的是10岁孩子的衣服，太小了，要扩大……"

人们暴怒了，纷纷高喊："杀死他！"

1948年12月23日凌晨，东条英机在东京巢鸭监狱被处以绞刑。这是一个战争罪人应有的下场！

图书在版编目（CIP）数据

恶魔下场：第二次世界大战主要元凶 / 胡元斌主编
. ——北京：台海出版社，2013.8（2021.5重印）
（第二次世界大战纵横录）
ISBN 978-7-5168-0252-6

Ⅰ.①恶… Ⅱ.①胡… Ⅲ.①第二次世界大战—历史
人物—生平事迹 Ⅳ.①K815.2

中国版本图书馆CIP数据核字(2013)第188577号

恶魔下场：第二次世界大战主要元凶　　第二次世界大战纵横录

主　编：胡元斌　严　锴

责任编辑：王　艳　　　　　　　　装帧设计：大华文苑
版式设计：大华文苑　　　　　　　责任印制：严欣欣　吴海兵

出版发行：台海出版社
地　址：北京市东城区景山东街20号　　邮政编码：100009
电　话：010—64041652（发行，邮购）
传　真：010—84045799（总编室）
网　址：www.taimeng.org.cn/thcbs/default.htm
E-mail：thcbs@126.com

经　销：全国各地新华书店
印　刷：北京九天鸿程印刷有限责任公司
本书如有破损、缺页、装订错误，请与本社联系调换

开　本：710×1000　　　1/16
字　数：210千字　　　　　　　　印　张：13
版　次：2014年1月第1版　　　　印　次：2021年5月第4次印刷
书　号：ISBN 978-7-5168-0252-6

定　价：48.00元

版权所有　翻印必究